Allitera Verlag

FRIEDRICH VON BODENSTEDT (1819–1892) studierte nach einer Kaufmannslehre Philosophie und Philologie an der Universität Göttingen. Er ging 1840 als Lehrer nach Moskau und 1843 nach Tiflis, wo er durch Mirzä Şäfi Vazeh in die Sprachen der Kaukasus-Region eingeführt wurde. 1846 kehrte er nach Deutschland zurück. 1854 berief ihn König Max nach München als Professor für Slawistik und Altenglisch. Er gehörte mit Paul Heyse, Felix Dahn, Wilhelm Hertz und Hermann Lingg zum Münchner Dichterkreis *Die Krokodile*. Nach dem Tod von Maximilian II. wurde er 1867 Intendant des Hoftheaters in Meiningen. 1881–1888 war er Herausgeber der *Täglichen Rundschau* in Berlin. Seit 1878 lebte er in Wiesbaden.

edition monacensia
Herausgeber: Monacensia
Literaturarchiv und Bibliothek
Dr. Elisabeth Tworek

Friedrich Bodenstedt
Eines Königs Reise

Erinnerungsblätter an König Maximilian II.
In der Auswahl von Joseph Hofmiller von 1925

Allitera Verlag

Weitere Informationen über den Verlag und sein Programm unter:
www.allitera.de

Mai 2011
Allitera Verlag
Ein Verlag der Buch&media GmbH, München
© 2011 für diese Ausgabe: Landeshauptstadt München/Kulturreferat
Münchner Stadtbibliothek
Monacensia Literaturarchiv und Bibliothek
Leitung: Dr. Elisabeth Tworek
und Buch&media GmbH, München
Umschlaggestaltung: Kay Fretwurst, Freienbrink
Printed in Germany · ISBN 978-3-86906-158-0

Inhalt

Joseph Hofmiller: Vorbemerkung · 7
Friedrich Bodenstedt: Eines Königs Reise · 9
Editorisches Nachwort · 87
Ortsregister · 89

Vorbemerkung

Der Reiseritt König Maximilians II. durch seine angestammten Lande vom Bodensee bis zum Watzmann ist die leuchtendste Episode in dem allzu kurzen Leben dieses edlen Wittelsbachers. Er ist ohne Seitenstück, zum mindesten im 19. Jahrhundert.

Nichts zeigt so rein wie diese fast Eichendorffisch oder Schwindisch anmutende Wanderung eines Fürsten zu Pferd von Dorf zu Dorf, von See zu See, Tal zu Tal das einzige Verhältnis zwischen Volk und Herrscher in Bayern. Dem Altbayern besonders ist es geradezu ein Herzensbedürfnis, zu verehren: nicht nur Gott und seine Heiligen, sondern auch seinen König. Aus diesem natürlichen und spontanen Verehrungsdrang heraus erklärt sich die Vergötterung Ludwigs II. im Oberlande. Der Bayer will durchaus nicht, dass der Herrscher zu viel von seiner ihm zukommenden Distanz preisgibt, auch wenn er sich ungezwungen zwischen seinem Volke bewegt. Er will einen königlichen König. Diese Mitte zwischen herzlicher Leutseligkeit und natürlicher Würde hat Max II. mit jenem Takte getroffen und festgehalten, der nicht erlernbar ist. Besäßen wir nichts als Bodenstedts Aufzeichnungen, sie allein gäben uns ein ungeschmeicheltes Bild vom Charakter des Altbayern, wie er sich seinen König vorstellt und wünscht, ein fröhliches Bild von dem zugleich patriarchalischen und noblen Verhältnis, wie es in der guten alten Zeit zwischen Fürst und Volk bestand. Denn Bodenstedts Büchlein ist nicht nur das Denkmal eines edlen Monarchen, sondern auch einer stolzen Bevölkerung. Und wenn Max II. alles tat, sich die ehrliche Neigung seines Volkes zu verdienen, so tat die Bevölkerung alles, was sie ihrem geliebten König an den Augen absehen konnte. Dass ein so reines Verhältnis gegenseitiger Liebe und Treue bestand, ehrt beide Teile. In diesem Sinne ist die Königsreise eines der schönsten menschlichen Dokumente des 19. Jahrhunderts, das gerade in einer Sammlung wie der unseren nicht fehlen durfte.

Rosenheim   Oberstudienrat Dr. J. Hofmiller

Friedrich Bodenstedt

Eines Königs Reise

Ich war zu der Zeit, als die Einladung an mich erging, Se. Majestät auf einer Fußwanderung durch das bayerische Alpenland zu begleiten, gerade in altenglische Studien vertieft.

Als ich noch darüber nachdachte, wie die schweren Bücher auf unserer Fußwanderung so transportiert werden könnten, um uns immer zur Hand zu bleiben, erfuhr ich vom General von der Tann, dem Ordner und Führer der Reisegesellschaft, dass verschiedene königliche Equipagen und 42 Pferde uns begleiten würden, darunter 14 kleine Norweger, welche sehr dazu geeignet wären, uns auch das Ersteigen hoher Berge einigermaßen zu erleichtern, während die übrigen Reit- und Wagenpferde, lauter edle Tiere, dazu dienen sollten, uns bei schlechtem Wetter oder auf wenig Abwechslung bietenden Wegen schneller von der Stelle zu bringen, als unsere eigenen Füße vermochten.

Ich fand diese Vorrichtung höchst weise und lobenswert und so hat sie sich auch im Verlauf der Reise bewährt, deren Reize wesentlich dadurch erhöht wurden, dass man bis zum Fuß eines Berges reiten und nach Ersteigung desselben im Notfalle die müden Glieder in einem Wagen ausruhen konnte, um bei der Abendunterhaltung wieder frischen Geistes zu sein.

Die Reisegesellschaft, welche Se. Majestät zu dem Zuge durchs Gebirge sich erkoren hatte, bestand außer dem schon genannten Haupt und Führer, General von der Tann, aus den Grafen Pappenheim und Ricciardelli und Baron Leonrod (alle drei inzwischen auch zu Generalen avanciert), Professor Riehl, Franz von Kobell und dem Schreiber dieser Zeilen.

Unser Sammelplatz war Lindau, von wo aus, vor Beginn der eigentlichen Gebirgsreise, einige Ausflüge in die Umgebungen des Bodensees unternommen werden sollten. Am 20. Juni 1858 abends 10¼ Uhr traf der König, aus der Pfalz kommend, in der festlich geschmückten und erleuchteten Inselstadt ein, deren Bevölkerung Se. Majestät mit stürmischem, langanhaltendem Jubel empfing. Auf dem weiten Platze, welcher den Bahnhof vom »Bayrischen Hof« trennt, wimmelte es von fröhlichen und neugierigen Menschen, die jubelnd das lange Spalier der Fackelträger umdrängten, als die Equipagen des Königs hindurch rasselten. Das imposante, auf den See hinausschauende erzene Standbild des Monarchen war durch bengalische Feuer erleuchtet, ebenso die weitgeschwungene Hafenmauer und der Leuchtturm nebst dem großen Löwen, welche die Einfahrt des Hafens bilden. Leuchtturm und Löwe sahen aus wie von Kristall geformt und mit Feuer gefüllt. Der Wiederschein der bengalischen Flammen und zahllosen Lichter im Wasser war von bezaubernder Wirkung.

Lindau vereint in sich auf das Heiterste die Weihe des Alters mit der Frische der Jugend; während das an zyklopische Mauern erinnernde gewaltige Stück Heidenmauer am Eingange der Stadt, ein Rest der Befestigungen aus den Zeiten der Römerherrschaft, angeblich auf Tiberius als seinen Gründer zurückweist, deuten die nur friedlichen Zwecken dienenden Neubauten und der täglich wachsende Verkehr darauf hin, dass der Stadt noch eine reiche Zukunft bevorstehe.

Am 24. Juni wohnte Se. Majestät in Begleitung des Prinzen und der Prinzessin Luitpold dem Gottesdienste in der Hauptkirche der Stadt bei; dann traf der österreichische General Graf Wimpfen ein, um den König zu begrüßen; darauf war großes Diner, zu dem einige höhere Offiziere und Beamte von Lindau, darunter auch der vortreffliche Bürgermeister, gezogen wurden, und gleich nach der Tafel wurde wieder das Dampfschiff bestiegen, aber nur, um den von Lindau scheidenden König nebst Gefolge nach Bregenz überzusetzen, wo 42 Wagen und Reitpferde bereitstanden, Proben ihrer Zug- und Tragkraft abzulegen, zur Beschleunigung der großen Gebirgstour, welche vom Bregenzer Walde aus beginnen sollte.

Es war etwa vier Uhr nachmittags, als wir von dem freundlichen Lindau Abschied nahmen, wo es zwischendurch hinlänglich geregnet hatte, um die Sommerhitze erträglich zu machen. Nach kurzem Umblick in Bregenz bestiegen wir die Wagen und fuhren durch das breite Rheintal so weit uns die Pferde ziehen konnten, um dann, immer höher ansteigend, über *Schwarzach* bis *Alberschwende* unseren Weg zu Fuß fortzusetzen. In dem schon ein paar tausend Fuß hoch gelegenen Alberschwende bestiegen wir die vorausgesandten kleinen norwegischen Pferde. Doch war es äußerst schwierig, auf den steilen, ungebahnten Gebirgswegen zu Pferde vorwärts zu kommen. Bald stolperten die munteren Norweger auf festem, glattem Sandstein, bald auf weichendem Gerölle, bald auf morschen, vielfach durchbrochenen Knüppeldämmen, bald auch versanken sie in knietiefen Schlamm und Morast. Kurz, der Weg war so mühselig, dass die meisten Reiter abstiegen und ihre Tiere am Zügel führten. Ich blieb im Sattel, so lang es irgend ging, um mich ungestörter an den herrlichen Bildern weiden zu können, die sich überall vor uns auftaten.

Die Berge zeigten sich meist in breiten, wenig durchbrochenen Wänden ineinander verschoben und machten durch ihre Massenhaftigkeit einen imposanten Eindruck, der sie weit höher erscheinen ließ als sie eigentlich sind, wozu auch wohl die äußerst günstige Abendbeleuchtung viel beitrug. Die Bergkuppe der Lorena war der höchste Punkt, den wir zu übersteigen hatten. Wir sahen in geringer Entfernung mächtige Gebirgsmassen vor uns aufsteigen, in deren Klüften und Spalten noch der Schnee blitzte. Der ganze Weg führte durch üppige Laub- und Nadelwaldung, hin und wieder durch prächtige, abwechselnd dunkle und helle Felswände unterbrochen.

Der Rückblick auf den goldig schimmernden Bodensee; der Blick in die breite Tiefe des farbenreichen Rheintals, daraus die waldumsäumten Berge in mannigfaltigster Gliederung emporsteigen; die behäbigen, oft zierlich gebauten, immer sauber anmutenden Dörfer und Weiler, welche die frische Gebirgslandschaft beleben; die Begegnung und Unterhaltung mit rüstig einherschreitenden gescheitten, wohlgekleideten und gut aussehenden Bewohnern des Landes, unter welchen wir binnen wenigen Stunden manches auffallend hübsche Mädchen bemerkten: Alles vereinte sich, uns heiter zu stimmen und die freundlichsten Eindrücke zu hinterlassen. Selbst die Beschwerlichkeiten des durch heftige Regengüsse grundlos gewordenen Weges dienten nur dazu, unsere Munterkeit zu erhöhen, an welcher der König von Herzen teilnahm.

Einer brauchte den anderen nur anzusehen, um zu lachen; denn mit alleiniger Ausnahme des Königs, der einen merkwürdig ruhigen, gleichmäßigen Gang hatte und deshalb am wenigsten vom Schmutz des Weges gezeichnet wurde – sah jeder von uns in seiner Weise komisch aus, von unten bis oben mit den wunderlichsten Schmutzhieroglyphen bedeckt, die von den kleinen norwegischen Bergpferden darauf gespritzt waren, welche, obwohl bei längerem Gebrauch sehr friedlicher Natur, doch zu Anfang der Reise allerlei seltsame Sprünge ausführten. Sie hatten nämlich seit dem vergangenen Herbst nichts zu tun gehabt als zu fressen und auszuruhen, waren darüber so üppig geworden, dass sie nicht wussten wohin mit sich, als sie wieder einen Reiter auf ihrem Rücken fühlten. Bald steckten sie die Köpfe zwischen die Beine, als ob sie sich die Welt von unten ansehen oder ein Rad schlagen wollten; bald warfen sie sich hochaufgerichteten Hauptes im Kreise herum, als ob sie Zirkuserinnerungen hätten; bald starrten sie, wie eingewurzelt im Schlamm stehen bleibend, sinnend in die Welt hinaus, als ob sie über das Rätsel des atmenden Daseins nachdächten, das mit jedem Schritte zum Grabe führt, gleichviel, ob dieser Schritt vorwärts, seitwärts oder rückwärts getan wird, und plötzlich, als ob sie zu der Einsicht gekommen wären, dass auch das Stillstehen das Lebensziel nicht verlängert, stampften sie so ungebärdig einher, dass eines dem anderen samt seinem Reiter den mit kräftigen Hufschlägen aufgewühlten Schlamm bis über die Ohren spritzte. Erst beim Aufsteigen im tiefen Steingerölle wurden sie mürbe und gingen dann so ruhig und sicheren Schrittes, dass ein paar der Reiter ihnen die Füße an den Hals legten, ohne sie aus ihrer wiedergewonnenen Gemütsruhe zu bringen. Als die Wege wieder schlammig wurden, stieg ein Reiter nach dem anderen ab, und so stapften wir im Gänsemarsch zu Fuß weiter, während die Pferde, sechzehn an der Zahl, von unterwegs geworbenen Bauernburschen geführt, uns in langem Zuge folgten und nach Fliegen schnappten.

Wer nicht wusste, dass der König sich unter uns befand, hätte uns leicht für eine Kunstreitertruppe ansehen können, als wir abends um halb 9 Uhr unter dem Zulauf der Bevölkerung unseren langen Einzug in *Schwarzenberg,* dem Ziel unserer ersten Tageswanderung, hielten.

Ein stattlicher Stallmeister in weißen Lederhosen, blauem Frack und Kanonenstiefeln; fünf Reitknechte in weißen Lederhosen, blauen Röcken und Stulpenstiefeln; ein halb Dutzend Lakaien und endlich wir selbst, in allen möglichen und unmöglichen Reisekostümen, nur durch den Schmutz des Weges einander ähnlich – es war in seiner bunter Mannigfaltigkeit und seinem epischen Hintereinander ein wundersames Bild, über welches wir selbst, die es bilden halfen, in der Erinnerung noch oft herzlich lachen mussten.

Es strömte die ganze Nacht hindurch vom Himmel herab, als ob eine neue Sintflut im Anzuge wäre, und dazu tobte ein Sturm, der das Haus bis in seine Grundfesten erbeben machte und so zudringlich fühlbar durch die unsichtbaren Poren der Wände und Fenster drang, als ob diese gar nicht vorhanden gewesen wären.

Mit Ausnahme des Königs musste die Reisegesellschaft sich behelfen und paar- oder kleeblattweise hausen, da die Zahl der vorhandenen Räumlichkeiten sonst nicht ausgereicht haben würde. War es doch an sich schon eine rühmliche Leistung für ein Dorfwirtshaus, uns alle trocken unterzubringen mit der zahlreichen Dienerschaft, den vielen Pferden und verschiedenen Chimborassos von Gepäck.

Ich hatte ein taubenschlagähnliches Gemach mit Riehl zu teilen und wir hausten noch friedlicher darin als Tauben, welche bei näherem Zusehen gar nicht so fromm erscheinen, wie man sie gleichnisweise zu verwerten pflegt.

Wären die Betten übereinander angebracht gewesen, statt nebeneinander, so hätten wir uns einbilden können, in einer Schiffskajüte auf stürmischem Meere zu fahren, denn die Regenströme schlugen nicht minder mächtig an die kleinen Fenster, als hochgehende Meereswogen, und der Sturm schüttelte das Haus so gewaltig, dass wir selbst ein Gefühl des Geschaukeltwerdens dabei hatten. Doch ließen wir uns bald in Schlaf schaukeln, denn wir waren sehr müde, und fanden in gesegnetem Schlummer, trotz des bösen Wetters, beide die »gute Nacht«, welche wir uns gegenseitig gewünscht oder vielmehr entgegen gegähnt hatten.

Als wir am frühen Morgen erwachten, hatte der Sturm etwas nachgelassen, aber der Regen prasselte munter fort, was unserer eigenen Munterkeit einigen Eintrag tat, zumal es über Nacht kalt geworden war, als stünde der Winter schon vor der Tür, noch ehe der Sommer recht angefangen, seine Schuldigkeit zu tun.

Doch wir steckten eine freundliche Miene auf, um das Wetter zu beschämen und unseren Reisegefährten mit gutem Beispiel voranzugehen, was übrigens gar nicht nötig war, da wir sie alle in bester Laune beim Kaffee trafen, nachdem wir uns das Wirtshaus etwas näher angesehen hatten. Über dieses finde ich in meinem Notizbuche Folgendes bemerkt: »Die Einrichtung unseres Dorfwirtshauses ist vortrefflich. Die Zimmer sind alle mit Täfelwerk bekleidet und würden sehr behäbig zu nennen sein, wenn sie etwas höher wären. Die Wände entlang laufen hölzerne Bänke; davor stehen wohlgeformte Tische. Die Wandschränke und sonstigen Möbel passen zum echt deutschen Stil des Ganzen; nirgends sieht man etwas modern Aufgeklebtes, alles ist wie aus einem Gusse. Die Fenster sind mit weißen Gardinen geschmückt und bis in den letzten Winkel des Hauses zeigt sich die größte Sauberkeit.«

Die Häuser im Bregenzer Walde haben meist Galerien, aber nicht – wie die Häuser im bayrischen Hochlande – nach außen, als Anhängsel, sondern nach innen, als Einschiebsel oder Einschnitte des Hauses. – Die Weiber tragen eng anliegende leinene Röcke von dunkler Farbe und Pelzmützen wie die Tataren, das heißt nicht in der plumpen Form, wie man sie bei den Frauen am Rande des bayrischen Hochlandes findet, sondern konisch geformt. Das Kleid der Frauen, die *Toppe* genannt, ist in unzählige Fältchen gelegt; oben am Halsausschnitt zeigt sich ein goldgestickter Brustlatz, während den Leib ein Gurt von lackiertem Leder umschließt, hinten mit einer silbernen Schnalle geschmückt. An diesem Gurt wird nach altdeutscher Weise eine Tasche getragen. Überhaupt macht alles hier, Wohnung, Tracht und Behaben der Leute einen anheimelnden, echt deutschen Eindruck.

Nach dem Frühstück stieg ich mit Riehl wieder in unser inzwischen in Ordnung gebrachtes Zimmer hinauf, um Briefe zu schreiben. Der Regen ließ etwas nach, aber die Luft war so kalt, dass wir uns alle Augenblicke die Hände reiben mussten, um unsere steifen Finger zu schmeidigen. Bei diesen unschuldigen Reibungen wurden wir durch den Eintritt des Königs überrascht, der schon einige Stunden gearbeitet hatte und sich nun mit eigenen Augen überzeugen wollte, ob seine Gäste gut untergebracht wären und nicht von der im Hause herrschenden feuchten Kälte zu leiden gehabt hätten. An solchen Zügen gütiger Fürsorge ließ es der König nie fehlen. Für seine eigene Person war er ziemlich unempfindlich gegen

Kälte und ließ sich auch durch schlechtes Wetter nicht leicht die gute Laune verderben, noch an Ausflügen verhindern. Nur wurde dann nicht zu Fuß gegangen, sondern geritten oder gefahren. Beim Reiten hatte der König immer, je nach dem Bedürfnis der Unterhaltung wechselnd, einen Begleiter zur Linken, und da geschah es bei mehrstündigem Ritte öfter, dass drei oder vier Herren nacheinander an die Reihe kamen. Beim Fahren dagegen wurde nicht gewechselt; der zum Mitfahren Auserkorene blieb immer an der Seite des Königs sitzen, bis das Ziel erreicht war.

Diesmal wurde mir die Ehre zuteil, den König auf einer Ausfahrt nach dem kleinen Stahlbade Reute zu begleiten, nachdem wir das über 2000 Pariser Fuß hoch gelegene freundliche Dorf Schwarzenberg mit seiner Pfarrkirche, in welcher sich ein viel gepriesenes Altarbild von Angelika Kaufmann befindet, näher in Augenschein genommen hatten.

Der Weg, den ich mit Sr. Majestät zu fahren hatte, um nach Reute zu gelangen, führte uns dem Laufe der wildströmenden, durch die wolkenbruchähnlichen Regengüsse hochangeschwollenen Ach entgegen, in deren Bette eine Menge wahrer Ungetüme von Steinblöcken dem schäumend gegen sie anstürmenden Flutgetöse Trotz bot. Im Übrigen sah die Welt aus, als ob sie erst im Begriff wäre, sich aus vorweltlichem Urnebel heraus zu verdichten, um stete Gestalt und erkennbare Umrisse zu gewinnen. Aber wie durch einen Zauberschlag teilte sich plötzlich das dunkle Gewölk über uns, wir sahen in weicher, wunderheller Beleuchtung der aufsteigenden Sonne, die ihren Glanz verdoppelt zu haben schien, um uns für ihre lange Abwesenheit zu entschädigen, ein herrliches, blankgewaschenes, farbenfrisches Stück Welt vor uns, im wechselvollen Reiz von Berg, Wald und Wasser.

Prächtigere Eschen, als hier die malerischen Ufer der Ach schmückten, habe ich nirgends gesehen, und auch die blanken, hochstämmigen Ahornbäume zeigten sich denen der Jachenau und Ramsau völlig ebenbürtig.

Um drei Uhr trafen wir wieder in Schwarzenberg ein, wo rasch diniert und dann zur Weiterreise gerüstet wurde. Bei ziemlich günstigem Wetter ritten wir zunächst nach dem auf fruchtbarer

Hochebene, zwischen dem tiefeingeschnittenen *Subersbach* und der *Bolgenach* sich weit ausdehnenden freundlichen Kirchdorfe *Hittisau*, wo unser Nachtquartier sein sollte. Alles machte hier einen wohltuenden, zu längerem Aufenthalt verlockenden Eindruck: das treffliche Wirtshaus, die zahlreichen Weiler und Einzelhöfe, unter welchen viele den behäbigen Wohlstand ihrer Bewohner verrieten; die anmutige Lage des Orts, das frische, saftige Grün der Ebene wie der sie umragenden Berghänge, von deren bewaldeten Höhen eine Menge freundlicher Häuser einladend herabschauten. Die Bergzüge im Hintergrunde zeichnen sich vorwiegend in sanft geschwungenen Linien ab; nur die Gottesackerwände bieten schärfere Umrisse.

Die Menschen, mit welchen wir auf unserer Wanderung in Berührung kamen, zeigten keine Spur von jenem steifen, eckigen, tölpisch wichtigen Wesen, welches man so häufig unter den Landsleuten im Norden Deutschlands findet; sie waren zuvorkommend ohne Aufdringlichkeit; gesprächig ohne Geschwätzigkeit; geweckten Geistes und dabei von unbefangener Natürlichkeit in Ausdruck und Haltung. Es ließ sich gut mit ihnen reden und verkehren.

Am folgenden Morgen (26. Juni) brachen wir, schon früh unsere Pferde besteigend, nach dem kleinen Bade *Tiefenbach* auf. Es war ein herrlicher Ritt über das freundlich am Abhange des mehr als 5000 Fuß hohen *Feuerstädterberges* gelegene kleine Dorf *Sibratsgfäll* und durch das alpenreiche *Balderschwangtal*, dem *Allgäu* entgegen.

Ich musste viel an des Königs Seite reiten, der in Wiederanknüpfung an frühere wichtige, vertrauliche, für die Öffentlichkeit nicht geeignete Unterhaltungen mich tiefe Blicke in sein tiefes Gemüt tun ließ.

Wir kamen zeitig und in bester Laune nach dem in einem engen Kessel am Fuße des waldreichen *Schlossberges* etwa dritthalb tausend Fuß hoch gelegenen Dorfe Tiefenbach, wo Mittagsrast gehalten werden sollte. Die Badeanlagen geben dem Dorfe, das seine Häuser und Gärten in für das Auge wohltuender Weise weit umher verstreut hat, einen gewissen Anstrich von Eleganz. Doch trotz der gesunden Luft und reizevollen Lage des Ortes, der Tugenden seiner Quellen und der Bescheidenheit seiner Preise fanden wir nur wenige Kurgäste.

Nach Tisch setzten wir, bald zu Fuß, bald zu Pferd, unsere Wanderung fort, ließen, als wir die nächste Höhe des ziemlich steil ansteigenden Weges am Fuße des Geisberges erreicht hatten, die Blicke noch einmal in den prächtigen Talkessel von Tiefenbach hinabschweifen und zogen dann, uns weiter am linken Ufer der *Starzlach* hinschlängelnd, immer höher, mitten durch herrliche Waldung hindurch, bis das Tal, sich allmählich erweiternd, wieder die freie Aussicht auf endlose Alpenweiden eröffnet.

Über *Rohrmoos*, ein mehr als 3000 Fuß hoch gelegenes großes, dem Fürsten Waldburg gehöriges Alpengut, gelangten wir in das Oberstdorfer Tal und zogen bei einbrechendem Abend in das festlich beleuchtete, bekränzte und fahnengeschmückte Sonthofen ein.

Schon unterwegs, beim ersten Wiederbetreten bayrischen Gebietes, waren dem König außer den offiziellen Huldigungen allerlei sinnige Begrüßungen von seiten der Landleute geworden und zwar in einer Weise, die es unmöglich machte, den Urhebern auf die Spur zu kommen, der beste Beweis, dass es den Leuten nur darum zu tun war, ihrem Landesvater eine Freude zu machen, ohne auf Dank dafür zu rechnen. So fanden wir z. B. den Namen des Königs und der Königin in Blumen auf den Weg gepflanzt, den wir zogen, und bogen sorgfältig aus, um die Blumenschrift nicht von den Hufen der Pferde zerstampfen zu lassen. Aber in Sonthofen erreichten die Freudenbezeigungen über die Ankunft des Königs ihren Höhepunkt. Man sah es dem im weiten Tale offen gelegenen Marktflecken deutlich an, dass Alt und Jung eifrig bemüht gewesen, keinen Winkel darin ungeschmückt zu lassen. Keine noch so arme Witwe, die nicht ihre niedrigen Fensterlein erleuchtet und einen Kranz und ein Fähnlein ausgehängt hätte. Des Volksjubels war überall, wo der König sich zeigte, kein Ende.

Oberstdorf, der erste bemerkenswerte Ort, den wir erreichten, hat, sich weit in grüner Talfläche ausstreckend und in großem Halbkreise von stattlichen Bergen umragt, eine schönere Lage als

Sonthofen und machte mir wegen seiner nicht zusammenhängend gebauten, sondern durch Baumgruppen und Gärten voneinander getrennten Häuser einen mehr malerischen und ländlichen Eindruck, obgleich es sich auch zur Würde eines Marktfleckens aufgeschwungen hat wie Sonthofen.

Charakteristisch für die Gegend ist, dass die Berge, auf welche der Blick fällt, ähnlich wie im Salzkammergut, unmittelbar aus ganz ebener Talsohle aufsteigen, im Kleinen dem Rande eines Tellers vergleichbar, während im altbayrischen Gebirge, und besonders im Berchtesgadener Gebiete, keine solche weite Gleichmäßigkeit des Bodens sich findet, der dort vielmehr durchgehend eine bunte Abwechslung kleinerer und größerer Erhebungen zeigt, bald wellenförmig, bald schroff und trotzig aufsteigend.

Oberstdorf liegt zwischen den rasch fließenden Bergwassern der Stillach und Trettach, welche im Verein mit der Breitach die Iller bilden.

Wir blieben diesmal nicht lange in dem anmutigen Orte, sondern zogen weiter nach dem unfern davon in herrlichem Tale gelegenen Jagdhause Sr. K. Hoheit des Prinzen Luitpold, von wo allerlei Ausflüge unternommen werden sollten.

Zunächst wurde dort ein wenig Sonntagsruhe gehalten und bei gut besetzter Tafel gute Unterhaltung gepflogen, wobei besonders die eifrigsten und erfahrensten Jäger unserer Gesellschaft, Franz von Kobell und Graf Ricciardelli, viel Interessantes und Lehrreiches vernehmen ließen.

Am Sonntag wurden keine größeren Ausflüge mehr gemacht, aber am folgenden Morgen, 28. Juni, brachen wir schon früh auf, um über *Einödsbach*, dessen Umgebung zu den herrlichsten Augenweiden des Allgäu gehört, die Schneefelder zu erklimmen, aus welchen die Trettach hervorschäumt.

Einödsbach liegt schon in einer Höhe von vierthalbtausend Fuß, und die dahinter aufsteigenden Berggruppen, aus welchen die dreizackige *Mädelegabel* und der kühn geschwungene *Trettachschrofen* hoch hervorragen, machen einen wirklich großartigen Eindruck. Unser Emporklimmen war mühselig genug, doch ist es eine undankbare Aufgabe, die Einzelheiten solcher Bergwanderungen zu schildern, besonders wenn man sie nicht mehr genau im Kopfe hat. In meinem Ohre summt noch das Schallen von laut brausenden Wasserstürzen und kochenden Tobeln, deren unendliche Melodie uns beim Aufsteigen begleitete und unsere Blicke oft in die Tiefe lockte, und in der Erinnerung tauchen mächtige, steile Bergwände und wild zerklüftete Felsbildungen auf, mit welchen weite, anmutige Alpenweiden überraschend kontrastieren. Doch der vorherrschende Charakter des Ganzen ist das imposant Schroffe und Wilde. Auch in den Schneefeldern zeigten sich die wundersamsten Gestaltungen, wie Frost, Wind und Regen sie in wechselnder Laune hervorgezaubert hatten: hier aushöhlend, dort aufbauend, in bald phantastisch wilden, bald so regelmäßigen Formen, als ob planvoll arbeitender Menschengeist dabei tätig gewesen wäre. So erinnere ich mich noch deutlich einer Stelle, wo der Schnee eine hohe, hier und da durchbrochene Decke bildete, und einer anderen Stelle, wo sich eine förmliche Riesenbrücke vor uns auftat, unter welcher das Wasser hindurchströmte. Im Hintergrunde ragte die Mädelegabel empor, mit ihren mächtigen drei Zinkenfingern zur Höhe hinauflockend. Doch wurden wir durch ein jählings über uns hereinbrechendes Gewitter am Weitersteigen verhindert und zu schleunigster Rückkehr gezwungen. Bis auf die Haut durchnässt, langten wir ziemlich spät am Tage, nach mancherlei Fährlichkeiten, die jedoch in der Erinnerung nur heiter wirkten, im Jagdhause wieder an, wo wir uns nur so viel Rast gönnten, um die Kleider zu wechseln und zu dinieren, worauf, da das Wetter sich völlig ausgetobt hatte, Oberstdorf mit seiner alten Kapelle näher in Augenschein genommen wurde als das erste Mal. Dann fuhren wir noch am Abend nach Sonthofen, welches zum Ausgangspunkt der geplanten Besteigung des *Grünten* bestimmt war.

Die Huldigungsbezeigungen begannen überall, wo Se. Majestät sich zeigte, immer aufs Neue. Das Hübscheste, was wir davon an diesem Abende sahen, waren mächtige Freudenfeuer auf den Bergen und ein aus Fackellicht gebildetes riesiges M, welches plötzlich von einem Berge heruntergestiegen kam, als ob es auf eigenen Füßen ginge. Die Träger der Fackeln trugen diese so geschickt und in so guter Ordnung, dass das weithin leuchtende M keinen Augenblick seine richtige Fügung verlor und ganz den Eindruck eines sich selbst bewegenden feurigen Buchstabens machte.

Wir kamen sehr spät ins Bett, mit der Aufgabe, wieder möglichst früh auf dem Sprunge zu stehen, da die Besteigung des Grünten schon zeitig am nächsten Morgen beginnen sollte und von Sonthofen bis zum Fuße des Grünten noch eine gute Strecke zu reiten war.

Unsere Führung hatte, in Abwesenheit des Generals von der Tann, der zur Taufe seines jüngsten Rindes nach München gereist war, Graf Pappenheim übernommen. Natürlich ließ es keiner an Pünktlichkeit fehlen und wir kamen genau zu der bestimmten Stunde früh morgens 29. Juni am Fuße des Grünten an, wo schon eine bunte Menschenmenge jeden Geschlechts und Alters im Festputz versammelt war, um den König zu begrüßen.

Der Pfarrer von Burgberg, ein sehr würdig und stattlich aussehender Herr, hatte für den König verschiedene Überraschungen vorbereitet, welche, an und für sich höchst löblicher Natur und den besten Absichten entsprungen, doch dem Könige zu jeder anderen Zeit willkommener gewesen wären, als gerade in dem Augenblick, da die Besteigung des Grünten beginnen sollte.

Der König litt nämlich an nervösem Kopfschmerz, der in der Mittagshitze unter freiem Himmel leicht unerträglich wurde; es war deshalb alles sorglich so eingerichtet, dass wir, wenn keine unvorhergesehenen Störungen unsere Pfade kreuzten, den Gipfel des Berges, wo ein gegen die Sonnenstrahlen schützendes Obdach winkte, bequem noch vor Mittag erreichen konnten. Der Tag ließ sich heiß an, um so mehr war es dem König darum zu tun, möglichst rasch vorwärts zu kommen.

Aber da standen nun am Fuße des Berges die vielen Menschen, die sich so sehr auf die Ankunft ihres Landesvaters gefreut hatten und deren Begrüßungen erst entgegengenommen werden mussten, vor allem die des Pfarrers von Burgberg. Der König dankte diesem für seine warme Anrede aufs Huldvollste und drückte dann in zarter Weise sein Bedauern aus, sich kurz fassen zu müssen, um mit seinem Kopfschmerz bei der Besteigung des Grünten nicht in die Mittagssonne zu kommen.

Der Pfarrer erwiderte: Die Schuljugend von Burgberg (nach der Menge der Kinder zu schließen, waren auch viele aus anderen Orten dabei) würde unglücklich sein, wenn ihr nicht vergönnt würde, die eigens zur Begrüßung des Königs gedichteten und vom Lehrer einstudierten Lieder zu singen.

Der König wollte die Schuljugend nicht unglücklich wissen und ließ sich bald bewegen, den Pfarrer zu einer überraschend ausgeschmückten Grotte zu begleiten, in deren Hintergrunde die Namenszüge des Königs und der Königin prangten und in welcher eine Schar weiß gekleideter, bekränzter Mädchen alsbald vielstimmigen Huldigungsgesang ertönen ließ, wofür es an freundlichem Dank nicht fehlte. Dann wurde weiter gepilgert zu einer Schar von Knaben, wo sich Ähnliches wiederholte.

Auf dem Wege, den der König, geführt vom Pfarrer, ging, drängte sich das Volk und standen Fahnen schwingende Knaben und Blumen tragende Mädchen. Eine Anrede folgte der anderen und es war schon eine geraume Zeit verflossen, als der König sagte, jetzt dürfe nicht länger mit der Besteigung des Grünten gezögert werden. Allein so schnell sollte die Sache nicht abgehen, obgleich die Sonne schon bedenklich im Steigen war.

An der Mittagsseite des Grünten wuchs ein merkwürdiger Wein, dessen Kultur dort der Pfarrer selbst eingeführt oder, wenn ich mich hierin irren sollte, doch in seine besondere Obhut genommen hatte, und auf dessen Güte er nun die Aufmerksamkeit Sr. Majestät zu lenken wünschte. Er sprach erst von der Kunst des Weinbaues im Allgemeinen, von der richtigen Anwendung des mineralischen und animalischen Düngers und der rationellen Behandlung des Rebstocks und des Bodens, darin er wurzelt. Er hob dann die besonderen Vorteile hervor, deren sich der Weinbau am Grünten dadurch erfreue, dass der reiche Viehbestand des Landes die Herbeischaffung animalischen Düngers, dessen Vorzüge noch keineswegs hinlänglich gewürdigt seien und dessen Wirksamkeit mit seiner Frische in engster Beziehung stehe, wesentlich erleichtere, was auch von der Wissenschaft bereits anerkannt worden.

Der König konnte gegen diese Thesen keine begründeten Einwendungen erheben und ebenso wenig die vertrauensvolle Voraussetzung des Pfarrers entkräften, dass die landesväterliche Fürsorge für die Wohlfahrt des Landes auch ein lebhaftes Interesse am Gedeihen des Weinbaues in sich schließe. Nun lag es dem Pfarrer sehr am Herzen, dem Könige Gelegenheit zu geben, sich selbst von der Güte der verschiedenen am Grünten angepflanzten Rebensorten zu überzeugen, und dazu gab es kein anderes Mittel, als den daraus gewonnenen Wein prüfend zu kosten.

Der Einladung, dies zu tun, widerstand der König – der vormittags und abends gar keinen, und selbst bei großen Diners nur sehr wenig Wein vertragen konnte – lange, aber der Grüntenwein stand nun einmal in verschiedenen Sorten auf einem sauber gedeckten Tische zu dem einzigen Zwecke aufgepflanzt, von Sr. Majestät gekostet zu werden, und der Pfarrer bat so beredt inständig, dass der König sich doch endlich erweichen ließ und mit entschlossener Hand das für ihn gefüllte Glas an die Lippen führte, in der stillen Hoffnung, gleich nach dem Trunk die Besteigung des Grünten beginnen zu können.

Allein so weit war es noch lange nicht. Auch wir mussten von dem Wein kosten und unser Urteil darüber abgeben, und Sr. Majestät blieb die Prüfung nicht erspart, uns bei den anderen Sorten ebenfalls die Bahn zu brechen.

Ich bewunderte die Selbstüberwindung des Königs umso mehr, als ich mit prophetischem Blicke voraussah, dass sie noch schwere Proben zu bestehen haben werde, welche mitzubestehen ich mich zu schwach fühlte. Ich litt nämlich auch an Kopfschmerz, der während des langen Umherstehens – welches mich immer mehr angreift als rasches Reiten oder Gehen – merklich zugenommen hatte, und so erwog ich in meiner Seele, ob es nicht besser sei, mich zurückzuziehen und ein wenig auszuruhen, als zu bleiben, wo meine Gegenwart augenblicklich durchaus überflüssig war, denn ich konnte weder dem Könige noch irgendjemanden durch meine Anwesenheit das Geringste nützen. Selbst als Weinrichter fühlte ich mich in meinem kopfschmerzlichen Zustande inkompetent.

So blieb ich denn, als die Gesellschaft sich wieder in Bewegung setzte, um neuen Überraschungen entgegenzugehen, erst ein wenig, dann immer mehr zurück, und schlängelte mich glücklich bis zu dem Bergvorsprunge, wo die norwegischen Pferde grasten und die Besteigung des Grünten beginnen sollte.

Noch bevor ich die schattige Stelle erreicht hatte, wo ich ausruhen wollte, wurden meine Augen wieder durch ein Schauspiel gefesselt, welches mich schon bei Ankunft unseres Zuges am Fuße des Grünten ergötzt hatte.

Ein wohlbeleibter, hoch gewachsener Mann in abenteuerlicher Kleidung ritt, einen Dreimaster auf dem Kopf, eine Schärpe über der Brust und einen gewaltigen Säbel an der Seite, auf einem Pferde, welches seiner Last vollkommen gewachsen war und an die mächtigen Brauergäule in München erinnerte, in dem wellenförmigen Tale unter dem schon erwähnten Bergvorsprunge hin und her, bald in schwerfälligem Trab einen großen Bogen beschreibend, bald in forciertem Galopp mit vorgebogenem Kopfe, wie beim Wettrennen, ohne Beachtung der Terrainschwierigkeiten geradeaus jagend, als ob Gefahr im Verzuge wäre.

Als wir zuerst seiner ansichtig wurden, schien er sich die Aufgabe gestellt zu haben, die herbeigeströmte Jugend vor Ausschreitungen zu wahren, was gar nicht nötig war, da alles sich selbst in bester Ordnung hielt, trotz der Feststimmung, die aus jedem Gesichte strahlte. So ritt er denn in wechselndem Tempo spähend umher, um irgendeine Gelegenheit zum Einschreiten zu suchen, die sich nirgends finden wollte. Da er es aber für eine Ehrenpflicht hielt, irgendetwas zu tun, so rief er bald dieser, bald jener Volksgruppe zu, ein wenig mehr zurückzutreten, und wenn das nicht gleich geschah, ritt er mit geschwungenem Säbel den Leuten so nahe auf den Leib, dass sie ihm notgedrungen weichen mussten, um nicht überritten zu werden. Dann warf er befriedigt sein Pferd herum, steckte seinen Säbel wieder ein, schwang dafür den Dreimaster in die Luft und rief mit lauter, aber heiserer Stimme einmal über das andere: »Vivat König Max! Hoch! Hurrah!«

Natürlich drang die muntere Jugend immer wieder vor, sobald er verschwunden war, und er ritt zurück, um das Manöver zu wiederholen.

Als die Menge dann, Se. Majestät folgend, sich nach einer anderen Richtung bewegte und nur ein kleines Häuflein zurückblieb, welches an dem Umritte des Hüters der Ordnung eine überwiegende Festfreude hatte, erweiterte dieser den Kreis seiner Reitübungen immer mehr, bald mit lautem Vivatrufen den Dreimaster schwingend, bald mit dem Säbel um sich fuchtelnd, als ob er wirklich ein Menschengedränge vor sich sähe, das außer ihm niemand bemerkte.

Seine knatternd heisere Stimme wie sein ganzes Gebaren berechtigte zu dem Schlusse, dass er schon früh am Tage seiner Phantasie durch einen tiefen Feiertagstrunk auf die Sprünge geholfen habe. Aber es musste Wein gewesen sein, was er getrunken; mit Bier oder Schnaps hätte er die rein komische Wirkung nicht erzielt, deren man sich beim Anblick seiner Leistungen auf gesatteltem Pferde nicht erwehren konnte. Er war augenscheinlich kein bloßer Sonntagsreiter, sondern ein alter Kavallerist, der mit Pferden umzugehen wusste, sonst wäre er bei dem häufigen Wechsel des Tempos und bei den kühnen Schwenkungen und Drehungen, die er mit seinem schwer zu lenkenden Gaul ausführte, hundertmal heruntergefallen. Allein eben die spielende Sicherheit, mit welcher er sich, trotz allen Äußerungen des Überschwangs seiner Gefühle, im Sattel hielt und dadurch alle Furcht vor einem halsbrechenden Unfall bannte, bewirkte das künstlerische Behagen an seinen Leistungen.

Ich musste ebenso herzlich lachen, als ich ihn jetzt wiedersah, wie ich eine Stunde zuvor gelacht hatte, da ich ihn zuerst erblickte. Er war inzwischen, samt seinem Pferde, etwas außer Atem gekommen; es fehlte beiden die frühere Frische der Bewegungen. Der arme Gaul war offenbar übermüdet und gehorchte nur widerstrebend dem Schenkeldruck und der Führung seines Reiters, der seinerseits oft in beidem nachließ, wobei ihm dann die Arme und Beine so schlaff und schlotternd herabhingen, als ob sie gar nicht in lebendigem Zusammenhange mit dem atmenden Körper ständen, sondern nur lose durch Draht mit den Schultergelenken und der Pfanne des Hüftgelenks verknüpft wären. In solchen Momenten erschien auch sein Sitz im Sattel bedenklich, aber unversehens raffte er sich, wie von einem neu belebenden Gedanken durchblitzt, wieder auf und zeigte sich ganz als der alte. Es war offenbar ein großer Tag für ihn, an dem er vor König und Volk seine Reiterkunst in hellster Beleuchtung zeigen konnte, und er wird gewiss noch Kindern und Kindeskindern davon erzählen.

Ich war noch mit Schreiben beschäftigt, als pötzlich der König mit der Reisegesellschaft herantrat.

»Nun, Sie haben sich's bequemer gemacht als wir«, sagte Se. Majestät freundlich; »ich kann's Ihnen nicht verdenken.«

Ich fand kaum Zeit, mich zu entschuldigen, da die Reitknechte schon die norwegischen Pferde herbeiführten, welche uns noch eine Weile auf den Rücken nehmen sollten, um nach so langer Verzögerung das Aufsteigen einigermaßen beschleunigen zu helfen.

Wir erreichten schnell den Wald, durch welchen ein schattiger Fußpfad führt, und stiegen, die Pferde zurücklassend, dann auf raueren Pfaden weiter, der vom Berg herab sich öffnenden Schlucht entlang über tiefes Steingeröll, oft steil genug anklimmend.

Es war ein heißer Tag und der Weg einigermaßen beschwerlich, doch der König wanderte an seinem langen Alpenstocke so rüstig vorwärts, als ob die Anstrengungen, die er schon am Fuße des Berges durchzumachen gehabt hatte, nur eine ermunternde Vorübung zum eigentlichen Steigen gewesen wären. Dabei blieb Se. Majestät in fast fortwährender Unterhaltung, da bald dieser, bald jener aus der Gesellschaft an des Königs Seite beschieden wurde.

Auch an belebenden Zwischenfällen fehlte es unterwegs nicht, da uns schon eine Menge Menschen aus Burgberg vorausgestiegen waren, die an geeigneten Stellen Halt machten, um Seiner Majestät ihre Ehrfurcht zu bezeigen, und andere uns folgten. Einmal tauchten hübsche Mädchen wie aus dem Boden gestiegen auf, um dem Könige Edelweiß zu überreichen; ein andermal stand an überaus glücklich gewählter Stelle, auf einem kleinen Felsplateau, plötzlich ein Zug festlich geschmückter Bergleute vor uns, die den König in poetischer Weise begrüßten, auf dessen huldvolle Erwiderung dann ein weithin hallendes Stutzenknallen erfolgte.

Trotz der Pausen, welche durch diese und ähnliche Begegnungen veranlasst wurden, kamen wir doch nicht allzu lange nach Mittag glücklich in dem Gasthause an, wo wir vorläufig Rast machen sollten, um den noch ein halbes Stündchen höher liegenden Gipfel des Grünten mit frischen Kräften zu besteigen. Doch hielt es keiner im Zimmer lange aus; nach einem kleinen Imbiss und Labetrunk waren wir bald alle wieder in Bewegung und stiegen, dem Beispiele des Königs folgend, umher, um auszuspähen nach allem, was der schöne Tag uns nah und fern an Augenweide bot.

Nicht weit vom Gasthause hatte Herr Rottenhöfer, der vortreffliche Mundkoch Sr. Majestät und Verfasser eines rühmlich bekannten Kochbuches, an romantischer Stelle sein Lager unter freiem Himmel aufgeschlagen, wie er das auf Reisen gern tat, wobei er denn immer mit schnellem Überblick und glücklichem Urteil den rechten Ort und die rechten Menschen ausfindig zu machen wusste, um einen Herd mit allem Zubehör zu improvisieren, und auf diesem Herde dann Wunder der Kochkunst zu leisten. Ich weiß nicht mehr, ob er diesmal auch die Küche des Grüntener Gasthauses in Anspruch nahm, in dessen Saale wir speisen sollten, – ich weiß nur noch, dass wir ihn von einer Menge Menschen umringt sahen, die alle unter seiner Leitung behilflich gewesen waren, das Küchen- und Tafelgerät, den Wein und das Material zu den Speisen auf den Grünten zu schaffen, und dass alle diese Menschen sich ebenfalls als Gäste Se. Majestät betrachten durften, da Fürsorge getroffen war, dass es keinem an Trank und Speise fehlen sollte. So gestaltete sich die Bergbesteigung zu einem kleinen Volksfeste, das unten anfing, sich nach oben fortsetzte und dann, wie wir sehen werden, wieder talwärts ging, um dort sein Ende zu finden. –

Gegen Süden hatten wir von der Höhe, wo das Gasthaus steht, einen herrlichen Ausblick auf die von beiden Seiten durch Felsen eingerahmte Gebirgslandschaft, und als wir dann den bequem zu erreichenden Gipfel des Grünten bestiegen, tat sich weithin das schöne Illertal vor uns auf, umragt von einem Kranze von Bergen in bald wellenförmigen, bald kühn geschwungenen und grotesken Formen.

Unter uns war wohl keiner, der nicht schon weit großartigere Gebirgsbilder gesehen als die, welche der Grünten vor uns aufrollte, aber auch keiner, der sich durch Vergleiche den Genuss des augenblicklich Gebotenen schmälern ließ, dessen Reize vielmehr erhöht wurden durch die gute Stimmung, in welcher wir sie betrachteten.

Nach der Tafelsitzung wurde noch einmal zu einer Abschiedsrundschau umhergestiegen und alles zeigte sich jetzt bei den Kontrasten der Abendbeleuchtung viel schöner als vorher. Die Kuppen, Zinken und Spitzen des Gebirgspanoramas tauchten hehr und glanzverklärt wie aus einer Schattenwelt auf; auch der Grünten gewann in seiner malerischen Gliederung, bei der schärferen Verteilung von Schatten und Licht ein imposantes Aussehen und gefiel uns beim Hinabsteigen noch besser als beim Aufsteigen.

Bergab braucht man die Schritte nie zu beschleunigen; es macht sich das schon von selbst, und oft sogar bei den ernsthaftesten Menschen in den wunderlichsten Sprüngen, besonders bei einbrechender Dunkelheit. Ich habe selten jemand gesehen, der unter allen Umständen, bergauf und bergab, bei Tag und bei Nacht, so sicheren, gleichmäßigen Schrittes ging wie der König, und sich dabei so aufmerksam unterhalten konnte, als ob man ruhig bei Tische säße.

Wir kamen rasch und ohne Fährnis unten an, wie von Engelsfittichen getragen, und die Pferde erwarteten uns schon, um uns weiter bis Hindelang zu tragen, wo Nachtquartier gehalten werden sollte, und bis wohin es noch eine hübsche Strecke Weges war.

Allein der Abschied vom Grünten sollte am Abend in ähnlicher Weise verzögert werden, wie das Besteigen des Berges am Morgen. Die Volksmenge, welche Sr. Majestät unten entgegen jubelte, schien sich noch um Tausende von Köpfen vermehrt zu haben und drängte sich zu beiden Seiten des Weges bis in eine für meine Augen unabsehbare Weite hin. Hunderte von Mädchen und Kindern, darunter viele sehr hübsche, standen im Vordergrunde und schwangen mit hoch emporgestreckten Händen Blumenkränze von Alpenrosen, Vergißssmeinnicht und Gemsbart.

Auch der unermüdliche Reiter mit der Schärpe und dem großen Säbel machte sich wieder bemerkbar durch seinen Eifer, Ordnung herzustellen, wo gar keine Unordnung war, und zwischendurch sein »Hoch lebe König Max! Vivat! Hurrah!« hören zu lassen.

Plötzlich aber sah sich der König ganz am Weitergehen verhindert durch einen gerade in der Mitte des Weges aufgestellten, sauber gedeckten Tisch, mit einer Satte Milch, einem großen Kruge Wein und einem gewaltigen Hutzelbrot beladen.

Der ehrwürdige Pfarrer von Burgberg, von dem richtigen Gefühl geleitet, dass ein guter Anfang erst durch ein gutes Ende seine rechte Weihe erhält, näherte sich Sr. Majestät mit der Bitte, von der Milch und dem Hutzelbrote zu kosten und einen herzlichen Abschiedstrunk in ehrlichem Grüntenwein darauf folgen zu lassen.

Dieser Einladung Folge zu leisten war jedoch für den König, nach dem kurz vorhergegangenen opulenten Diner, eine bare Unmöglichkeit, wie Se. Majestät dem Pfarrer in zartester Weise erklärte, ihm huldvollst für seine gastfreundlichen Absichten dankend.

Da trat aber eine alte Matrone hervor (wahrscheinlich die Mutter des Pfarrers) und sagte entschieden: »Dös Hutzelbrot *muss* Eure Majestät esse, dös han i selber backe!«

»Ja, das ist etwas anderes!« sagte der König lächelnd, »wenn du das Hutzelbrot selbst gebacken hast, muss ich es schon probieren.«

Nun aß er ein Stückchen davon, wir taten desgleichen, und der Rest musste für »die Frau Königin« mitgenommen werden und ist auch richtig an seine hohe Adresse gelangt.

Als der Tisch wieder beiseite geschafft war, drängte das Volk so massenhaft heran, dass wir Mühe hatten, unseren Weg fortzusetzen, um zu den Pferden zu gelangen, die uns dann bald nach dem freundlichen Marktflecken Hindelang trugen, wo trotz der späten Stunde die Bevölkerung noch auf den Beinen war, um Se. Majestät mit Böllerschüssen, Musik, Gesang und allen möglichen Freudenbezeigungen zu empfangen. Dass es dabei an Ehrenpforten, Fahnen, Beleuchtung und blumigen Schmuck der hölzernen

Häuser in den meist engen Gassen des Ortes nicht fehlte, versteht sich von selbst.

Wie den Tag nicht vor dem Abend, soll man ein Wirtshaus, in welchem man übernachtet, nicht vor dem Morgen loben; das von Hindelang war allen Lobes wert. Wir kamen sehr spät zur Ruhe, da der König noch eine Menge Personen zu empfangen hatte und sich darauf auch mit uns noch ein wenig unterhalten wollte.

Am anderen Morgen (30. Juni) wurde wieder früh aufgestanden, erst ein Stündchen mit Briefschreiben zugebracht und dann der etwa dritthalbtausend Fuß hoch zu Füßen des Hirschberges gelegene Marktflecken, dessen Lage und Umgebung mir noch reizvoller erschien als die der früher berührten Ortschaften von ähnlicher Größe, bei Sonnenlicht in Augenschein genommen.

Inzwischen waren die Pferde gesattelt, und wir machten einen durch den malerischen Wechsel von Gebirg und Ebene an schönen Eindrücken reichen Ausflug über das kleine Bad Oberdorf und Schattwald in das herrliche Tannheimer Tal.

Die Freude über die bald großartigen, bald anmutigen Naturbilder, die sich vor uns auftaten, wurde nicht wenig erhöht durch den Anstrich oder Ausdruck behäbiger Wohlhabenheit, den wir nicht bloß in den ansehnlicheren Ortschaften, sondern überall fanden, wo wir auf menschliche Ansiedlungen stießen. Nirgends fehlte es an Blumen vor den Häusern, nirgends an wohlgekleideten und intelligent aussehenden Leuten auf den Straßen und hübschen Mädchenköpfen an den Fenstern.

Unser stattlicher Reiterzug konnte nicht verfehlen, immer schon aus der Ferne unter der ländlichen Bevölkerung Aufsehen zu erregen; jeder wollte den volksfreundlichen Landesherrn gern einmal in der Nähe sehen, und so kam uns denn überall auf das Bequemste entgegen, was der einsame Wanderer erst mühsam aufsuchen muss.

Oberdorf zieht sich mit seinen zahlreichen schmucken, zwischen prächtigen Bäumen gelegenen Häusern am Fuße des hier gegen die Osterach steil abfallenden *Iseler* hin, beherrscht das anmutige Osterachtal mit seinem Kranze von Bergen und gewährt einen ebenso freundlichen Rückblick gegen das Illertal mit dem Steineberg und Stuiben.

Schattwald, welches sich ebenfalls einer Schwefelquelle rühmt, liegt am westlichen Ende des reizvollen Tannheimer Tales, über welches die wildschroffen Zacken des Gimpel und der Rotenflüh hoch emporstarren.

Von Tannheim, einem stattlichen Dorfe an der Vils, auf einer beinahe vierthalbtausend Fuß hohen Talfläche gelegen, deren üppiggrüner Teppich noch von vielen anderen Ortschaften belebt wird, ritten wir nach dem etwa eine Stunde entfernten *Vilsalpsee*, der in melancholischer Einsamkeit zu den steilen Felswänden des Geishorn und Rauhorn emporschaut, die sich in ihm abspiegeln. Nachdem wir den großartigen Talkessel, der das Gefängnis des von seiner ersten Silbe gespeisten Vilsalpsees bildet, nach allen Seiten in Augenschein genommen, ritten wir nach Tannheim zurück, wo inzwischen alles ein festliches Gewand angelegt hatte und der König von einer Schar schmucker Schützen empfangen und auch von der übrigen Bevölkerung mit Blumen, Freudenschüssen, Musik und Gesang begrüßt wurde.

Wir stärkten uns nach dem vielen Reiten und Wandern an vortrefflichen Forellen und sonstigen guten Dingen, da noch an demselben Tage, ohne weiteren Aufenthalt, das vier Meilen entfernte Schloss Hohenschwangau erreicht werden sollte. Zur Beschleunigung dieser Tour wurden die königlichen Equipagen angespannt und ich musste wieder allein mit dem Könige fahren, der mir ausführlich erzählte, wie er schon früh dazu gekommen, Hohenschwangau zu dem zu machen, was es heute ist, und sich sehr zu freuen schien, dass ich das schöne Bergschloss noch gar nicht kannte, gespannt auf die Überraschung, die der erste Eindruck seiner Lieblingsschöpfung mir bereiten werde.

Der Weg bot eine mannigfaltige Abwechslung von Naturschönheiten, wesentlich verschieden von denen des eben verlassenen Allgäu. Das Charakteristische des Allgäu scheint mir nämlich darin zu bestehen, dass man dort überall weite, fruchtreiche Täler (ohne Seen) findet, um welche in ziemlich regelmäßiger Lagerung ein Kranz von grünen, an Baumwuchs und Alpenweiden reichen Bergen sich windet, die in ihren höchsten Spitzen etwa 8000 Fuß aufsteigen und enge Schluchten mit schönen Gießbächen und Wasserfällen zur Seite haben. Nackte Felswände, Schrofen und Grate gehören zu den Ausnahmen, und ebenso Seen, welche nur spärlich in den höheren Regionen vorkommen. Sobald man das Allgäu verlässt, erweitern sich die Schluchten, während die Täler enger werden; die Regelmäßigkeit der grünen Bergkränze hört auf, die Alpenweiden verschwinden mehr und mehr, und nackte Felswände, wild gezackt und durchbrochen, treten in den Vordergrund. Alles wird unregelmäßiger und malerischer.

Wir hatten fast immer den Lech zur Rechten, dessen Lauf eine Aussicht in die weite, nach Augsburg sich absenkende Hochebene eröffnet.

Der König erzählte mir unterwegs viel aus seiner Jugendzeit und sprach auch andeutungsweise von den oft schwer zu überwindenden Hemmnissen, die er bei der Durchführung seiner schon früh entworfenen Pläne erfahren habe und noch erfahre. »Doch«, sagte er, »ich werde mich künftig so wenig irre machen lassen in dem, was ich für recht und notwendig erkannt habe, wie ich's bisher getan.«

Eine Weile saßen wir dann schweigend nebeneinander. Erst als wir an dem altertümlich gebauten *Füssen* vorüberkamen, dessen alte, vieltürmige Burg mit ihren Erkern und Zinnen hoch über den Lech herragte, hub der König wieder an: »In diesem selben Wagen, in welchem wir jetzt sitzen, und denselben Weg, welchen wir jetzt fahren, fuhr ich mit dem Kaiser Franz Joseph von Österreich, als er mich in Hohenschwangau besuchte, um über die notwendige Neugestaltung der deutschen Bundesverfassung zu sprechen. Doch wir kommen ein anderes Mal auf diesen Punkt zurück, der mir manche schlaflose Nacht bereitet hat. Heute wollen wir nicht weiter von Politik reden.«

Wir kamen bald an dem Wasserfalle des Lech vorbei und dann den schönen Königsweg hinan nach *Hohenschwangau,* das wir früh genug erreichten, um noch vor einbrechender Dunkelheit einen Blick auf die Herrlichkeiten der Umgebung werfen zu können.

Der Weg läuft zwischen Baumreihen schnurgerade auf das

Schloss zu, welches aus der Ferne zuerst als ein weißer Punkt über dunkler Bergwaldung auftaucht. Der Himmel war umwölkt und so fehlte dem großartigen Bilde, welches sich vor uns entrollte, beim ersten Anblick der Zauber der Beleuchtung, in dem ich es später sah. Die Felswände zur Seite, wie die gewaltigen Bergmassen in der Ferne mit ihren Kuppen, Zinken und Zacken hoben sich eintönig dunkel vom grauen Himmel ab, und alles machte einen feierlichen, ernsten Eindruck. Durch eine schmale Öffnung der Bergkette kamen wir in das zwischen schroffen Felswänden aufsteigende Tal, welches links von den Höhen des Älplisspitzes, rechts von den bewaldeten Marmormassen des Schwansteines überragt wird, der auf seinem Haupte die Burg als Krone trägt. Der Weg zur Burg windet sich um den Felsenkopf herum, und über der Einfahrt halten zwei Bannerträger von Schwanthaler Wacht mit dem bayrischen und dem Schwangauer Wappen.

Wir fanden beim Betreten des schönen Aufganges die Treppe zu beiden Seiten reich mit Blumen geschmückt, unter welchen besonders prächtige Exemplare von Aloe und Magnolien in die Augen fielen. Als wir alle auf das Schönste untergebracht waren und den Staub des Weges abgeschüttelt hatten, ließ es sich der König nicht nehmen, uns noch vor dem Souper die Hauptmerkwürdigkeiten in Burg und Garten zu zeigen. Das Souper wurde dann in dem Saale eingenommen, der mit der bildlichen Darstellung der Sage vom Schwanenritter geschmückt ist. Die Unterhaltung dauerte diesmal nicht so lange wie gewöhnlich, da der Kabinettschef von Pfistermeister aus München eingetroffen war, um Sr. Majestät Vortrag zu halten, wozu er ganze Stöße von Akten mitgebracht hatte. So konnten wir uns schon um elf Uhr in unsere Gemächer zurückziehen und zum ersten Mal auf der Reise gründlich ausschlafen.

Am nächsten Morgen gab's auch für jeden von uns, während der König mit Herrn von Pfistermeister in Regierungsgeschäfte vertieft war, ein Päckchen häuslicher Geschäfte zu erledigen und wenigstens einige der Briefe zu beantworten, die uns nachgeflogen waren.

Der König arbeitete fast den ganzen Vormittag mit Herrn von Pfistermeister und ich benutzte die Zeit, um erst einen Gang durchs

Dorf zu machen, wo ich ein paar Bekannte aus München traf, die dort ihre Sommerfrische hielten, dann am Wasserfalle der Pöllat vorüber zur Marienbrücke aufzusteigen und von dort aus noch höher zur sogenannten »Jugend«, einer Bergterrasse, welche überraschend schöne Ausblicke gewährt, zunächst auf die Burg Hohenschwangau, den dunkelblauen Alpsee und den freundlichen Schwansee, dann auf die Bergkette gegen Süden und auf das vom Lech durchzogene und von Hügeln umschlungene weite Flachland, übersprenkelt mit Dörfern, Baumgruppen und lachenden Fluren mit blitzenden Seen und Wasserfällen.

Der Gedanke, die Burg Hohenschwangau auf durch Sage und Geschichte geweihtem Grunde, in einem an monumentalen Denkmalen der Vergangenheit überaus armen Gebirgslande gerade so herzustellen wie sie ist, konnte nur einem hochgebildeten, poetischen Geiste entspringen, der selbst künstlerische Freude an seinem Werke fand, zu dessen Vollendung er die rechten Kräfte heranzuziehen wusste.

Die Burg erscheint mir in ihrem Äußeren an edle Vorbilder des Mittelalters erinnernd, in ihrem Innern als ein glänzender künstlerischer Auszug und Spiegel heimischer Sage und Geschichte.

Die alte Veste des Schwangaus soll nacheinander im Besitz der Welfen, der Hohenstaufen und der Schyren gewesen sein; später hausten dann lange die Edeln von Schwangau darin, nach deren Aussterben Karl V. die Veste dem reichen Kaufherrn Johann von Paumgarten verlieh. Sie ging von einem Besitzer an den anderen über, bis sie im Tiroler Kriege 1809 zerstört und endlich um zweihundert Gulden auf Abbruch verkauft wurde. Aus den Händen eines Landmannes kam sie in die des Fürsten von Öttingen-Wallerstein, und dann erwarb sie der Kronprinz Maximilian, um sie zum Kronschmuck des ganzen Gebirgsgaus zu machen.

Der König fühlte sich nach der angestrengten Arbeit des Vormittags nur um so mehr zu zwangloser Unterhaltung aufgelegt, und es ging sehr lebhaft bei der Tafel zu.

Aber der Vorsatz, am folgenden Morgen weiterzureisen, konnte doch nicht ausgeführt werden; einmal, weil es noch eine Menge Geschäfte zu erledigen gab, und dann, weil die Nacht ein ganz entsetzliches Regenwetter zusammengebracht hatte, welches erst gegen Mittag ein wenig nachließ. Doch machte ich mit dem von München zurückgekehrten General von der Tann vor dem Diner noch einen mehrstündigen Spaziergang nach den schönsten Punkten der Umgegend und begleitete nach dem Diner Se. Majestät auf einer Ausfahrt, von welcher wir erst um halb neun Uhr abends zurückkehrten.

Vor unserem Scheiden von Hohenschwangau hatten wir verschiedene Kisten mit teils selbst gepflückten, teils uns zugetragenen Alpenrosen, an welchen die Berge hier noch reicher sind als der Grünten, nach München geschickt als Blumengruß an die Unsrigen. Das Scheiden wurde uns schwer, denn der König überbot sich an Herzenshuld und Liebenswürdigkeit, um uns den kurzen Aufenthalt angenehm zu machen. Doch es galt ja beim Aufbruche nur, neue schöne Eindrücke zu den alten zu gesellen, und so ritten wir getrost in den warmen Morgen hinaus, durch Gegenden, die unser Auge bald durch großartige, bald durch anmutige Bilder fesselten.

Der Weg, der uns über den *Linderhof* nach dem *Brunnenkopf* führen sollte, ließ bis zur Höhe des Berges hinauf an Bequemlichkeit nichts zu wünschen übrig; er war nur für Reiter und Fußgänger eingerichtet und hauptsächlich zu dem Zwecke angelegt, den König auf seinen Jagdausflügen möglichst schnell von Hohenschwangau nach dem gemsenreichen Brunnenkopf zu führen.

Wir ritten an üppig bewaldeten Höhenzügen vorüber und durch Bergtäler, in welche hier und dort ein wild schäumender Gießbach von den Felswänden herabstürzte, um unten einen von Silberschleiern umwallten glühenden und sprühenden Tobel zu bilden und dann seine Wasser rasch hingleitend, aber mit mehr Ruhe in der Bewegung in ein weiterführendes Rinnsal abfließen zu lassen.

An den Ufern der Bäche blühten Nelken und Vergissmeinnicht, und die schmalen Rinnsale der schnell hingleitenden Wasser erschienen stellenweise ganz überdeckt von großen Huflattichblättern. Die Wiesen am Waldessaum waren fast gelb gefärbt von Ranunkel und Löwenzahn. Das Farnkraut wucherte überall mit kräftigem Triebe und machte in seinen höchsten Erhebungen fast den Eindruck kleiner Palmen.

Als wir in den *Ammerwald* einritten, brach die Sonne noch durch die smaragdene Laubwölbung gedämpft hindurch wie durch gemalte Fensterscheiben in einem Dome. Bald aber spielten ihre Lichter nicht mehr um uns her, der Himmel umzog sich, ein leises Schallen von einzeln fallenden Regentropfen ging durch die Blätter und allmählich entwickelte sich ein von Windesgebraus wie von Orgeltönen im Waldesdome begleiteter regelrechter Strichregen, gegen welchen die schützende Laubwölbung nicht lange standhielt, sodass wir einigermaßen durchnässt im Linderhof ankamen, wo wir in einem königlichen Jagdhause Mittagsrast hielten.

Nach aufgehobener Tafel ging's gleich weiter den etwa 3000 Fuß hohen *Brunnenkopf* hinauf; der Himmel hatte sich wieder aufgeklärt, nur einige leichte und lichte Wölkchen, die nichts Bedrohliches hatten, hingen noch an den Bergen herum, einige so nahe, dass man glaubte, sie mit Händen greifen zu können, und selbst das Fernste schien uns in seinen klaren Umrissen nach dem die Luft reinigenden Regen näher gerückt. Jeder Blick bot, wenn wir beim Aufsteigen einen Augenblick Halt machten, um uns umzuschauen, herzerfreuende Augenweide; allein die Krone der überraschend schönen Ausblicke bot sich erst, als wir den Gipfel des Brunnenkopfs erreicht hatten und nun die Alpen in der letzten Glut der untergehenden Sonne glühen sahen.

Vom Brunnenkopf aus hat man noch schönere Fernblicke als vom Grünten, und wir stiegen umher, solange es etwas zu sehen gab. Gegen Nordost sahen wir über schwarze Berge hinweg ganz deutlich den Ammersee und Starnberger See; auf der anderen Seite tauchten die Blicke in das malerische Bergtal hinab, durch welches die *Amper* fließt. Einige Bergkuppen waren ganz in Nebel und Wolken gehüllt, von anderen flatterten weiße Streifen wie Fahnen; einige dampften wie Vulkane, und über anderen schwebten gekräuselte Wölkchen, wie aus gezupfter Baumwolle zusammengesetzt. Von einer Felswand schauten zwei Gemsen ganz gemütlich auf uns herab, als ob sie wüssten, dass ihnen heute doch keine Gefahr drohte.

Auf der Höhe des Brunnenkopfs steht, die ganze Aussicht über die Berge beherrschend, ein allerliebst gebautes und eingerichtetes

Jagdhaus des Königs mit einem zierlich umzäunten Garten davor, welcher Exemplare von allen Alpengewächsen enthält.

Der König bemerkte, dass einige von uns sehr müde waren, und verabschiedete uns. Unser Nachtquartier war in einer nahe gelegenen Jagdhütte bereitet und bestand aus einem romantischen Heulager, auf welchem wir uns nebeneinander ausstreckten wie die gerechten Kammmacher in Kellers »Leuten von Seldwyla«. Doch ehe wir zur Ruhe gingen, ließen wir uns noch ein Glas Glühwein bereiten, da die Nacht auf der Höhe des Brunnenkopfs grimmig kalt war. Beim Glühwein, der unsere steifen Glieder nur allmählich erwärmte, wurde noch ein wenig geraucht und in dem kleinen eisernen Ofen im unteren Teile der Jagdhütte Feuer angemacht, welches aber nicht recht brennen wollte, dagegen die ganze Hütte mit einem augenbeizenden Qualm anfüllte. Nur die unverwüstlichen Augen der beiden Hauptjäger der Gesellschaft, Franz von Kobell und Graf Ricciardelli, schienen von dem Qualm nichts zu spüren, der noch durch das Rauchen aus kurzen Jagdpfeifen vermehrt wurde. Die beiden wetterfesten Jäger schienen auch keine Müdigkeit zu fühlen, denn sie unterhielten sich noch lange über allerlei Jagdabenteuer, welche sie früher auf dem Brunnenkopf – einem Hauptpunkt für die Gemsjagden – erlebt, und als endlich die Müdigkeit über meine schmerzenden Augen den schweren Sieg davontrug – es war schon spät in der Nacht – hörte ich noch, wie meine Nachbarn sich darüber stritten, ob im bayrischen Gebirge auch Steinhühner vorkämen oder nicht. Um vier Uhr wachte ich wieder auf und hörte, dass die Frage wegen der Steinhühner noch unentschieden war oder erneuert wurde. Dann schlossen sich meine Augen wieder, aber nicht auf lange, denn um fünf Uhr kam ein Eilbote von Hohenschwangau, der dem General von der Tann ein Paket gleich nach unserer Abreise eingetroffener Briefe brachte, unter welchen sich auch einer für mich befand.

Um acht Uhr morgens, Montag, den 5. Juli, brach die übrige Gesellschaft wieder auf, bergabwärts, während ich zum König beschieden wurde, der allerlei mit mir zu besprechen hatte und den Weg bis zum Plansee mit mir allein zu machen wünschte. Wir folgten unseren Vorgängern erst eine Stunde später. Die Häupter der beiden dem königlichen Jagdhäuschen gerade gegenüber emporragenden höchsten Berge, welche der Blick erspähen konnte, des *Küchelberges* zur Linken und des *Kreuzspitz* zur Rechten, standen in schwere Wolken gehüllt, und der bedeckte Himmel verhieß Regen und Gewitter.

Kaum hatten wir unseren Abstieg angetreten, als auch schon schwere Tropfen auf uns niederfielen als Vorboten eines bald munter herabströmenden Regens, der unsere Schritte beschleunigte, alle Aussicht verschleierte und die Unterhaltung zur Hälfte ertränkte, da das Wasser uns oft in den Mund kam. Für mich war dies häufige Plätschern in den Bergen, die mir nur bei heiterem Himmel reizvoll erscheinen, von jeher etwas Unleidliches. Der König machte sich weniger daraus und ließ sich von einer einmal beschlossenen Partie, gleichviel ob zu Fuß oder zu Pferde, niemals durch schlechtes Wetter abhalten.

Ganz durchnässt kamen wir im Linderhof, einer königlichen Schwaige am Fuße des Brunnenkopfs, an, wo ein Wagen uns erwartete. Da jedoch der Regen inzwischen nachgelassen hatte, ein frischer Wind die Wolken zerteilte und sogar einige Sonnenstrahlen sich hervorwagten, so zog der König vor, noch eine Strecke Weges zu Fuß zu wandern, denn es war uns beim raschen Niedersteigen vom Berge sehr warm geworden, und das Fahren in diesem Zustande mit den nassen Kleidern hätte leicht eine lähmende Erkältung herbeiführen können. So schritten wir denn rüstig vorwärts, bis mit Hilfe des trocknenden Windes eine gewisse Ausgleichung zwischen dem inneren und äußeren Menschen hergestellt war. Dann bestiegen wir den uns folgenden Wagen und erreichten bald den *Plansee,* den zweitgrößten See des Tirolerlandes. Teilweise mochte der graue Himmel und der Nebel, welche hie und da die Berge umspannen, schuld daran sein, aber überhaupt machte das Ganze auf mich nicht den großartigen Eindruck, welchen ich nach verschiedenen Schilderungen davon erwartet hatte. Eine enge, wahrscheinlich durch Wassergewalt gebildete Schlucht, durch welche ein mäßiger Bach fließt, führt zwischen phantastischen Vorsprüngen und Aushöhlungen der Felswände hindurch erst zu dem kleinen

Plansee, hinter welchem sich dann der größere in trostloser Weite und Öde ausdehnt, von ebenso trostlos öden Bergen umstarrt. Das Wasser ist überall lebendig, aber diese große Wasserfläche sieht so trübselig und lebensmüde aus, als ob sie gar keine Lust mehr verspürte, sich atmend zu regen. Wir verweilten ziemlich lange am Plansee, wo die übrigen Herren der Gesellschaft schon eine Stunde vor uns eingetroffen waren, und ich strengte meine Augen an, dem dunklen Wasser und den dunklen Bergmassen, die es einschließen, einen anderen Reiz abzugewinnen als den einer düster-feierlichen, grabesöden Einsamkeit.

Mir ging das Herz erst wieder auf, als wir den trostlosen Bergsee im Rücken hatten, und nie ist mir ein Gebirgsweg schöner vorgekommen als der, auf welchem wir nun an prächtigen Laubwäldern, schimmernden Bächen und Wasserfällen vorbei nach Partenkirchen ritten, wo wir, einigermaßen müde, ziemlich spät abends eintrafen.

Was die Blicke zuerst und zuletzt dort fesselt, ist das gewaltige Wettersteingebirge mit seinen schroffen Spitzen, Zinken und Zacken, aus welchen die *Zugspitze* mit dem Höllental-Ferner als höchster Gipfel, neuntausend und einige hundert Fuß hoch, emporragt.

Das *Partenkirchen,* welches wir besuchten, mit seinen braunen, malerischen Holzhäusern, von Galerien umwunden, ist sieben Jahre später durch eine Feuersbrunst von der Erde verschwunden und es sind dafür Steinbauten an die Stelle getreten.

Früh am Morgen nach unserer Ankunft machten wir über *Garmisch* einen Ausflug in das Höllental, welches die nordöstliche Abdachung der Zugspitze bildet und seinen Namen durch die schauerlich großartigen Eindrücke, die es erzeugt, wohl verdient. Auch die Höllental-Klamm wurde eingehend besichtigt und angestaunt, wie schon vorher die Partnach-Klamm, und der Rest des Tages dann einem Besuche des finsteren Eibsees gewidmet, der, wohl durch seine näher herangerückten, schrofferen und höheren, bis zu zehntausend Fuß aufsteigenden Felswände, in seiner wilden, stummen Einsamkeit auf mich noch tieferen und öderen Eindruck machte als der Plansee. Erst um 11 Uhr nachts langten wir wieder in Partenkirchen an, und es wurde dann noch eine gute Weile der Unterhaltung gepflogen, ehe wir uns zur Ruhe begaben nach Feststellung der Ausflüge für den nächsten Tag. Allein schon in früher Morgenstunde wurden wir durch ein entsetzliches Regengeplätscher geweckt, welches, bis tief in den Vormittag hinein fortstürmend, unsere Pläne zu Wasser machte. Doch unternahmen wir noch einen Ritt in die romantische Kuhflucht, der an herrlicher Augenweide reich war und die ganze Majestät des wilden Gebirges, nebst schneeigen Wasserfällen und grünen Auen, übersprenkelt mit Heustadln, an uns vorüberziehen ließ, diesmal zum Abschiede, denn über Garmisch nach Partenkirchen zurückgekehrt, mussten wir gleich unsere Sachen packen, um nach Mittenwald aufzubrechen.

Abends sieben Uhr wurde nach *Mittenwald* aufgebrochen. Wir machten den Weg zu Wagen, und ich musste wieder mit Sr. Majestät allein fahren, um früher angefangene Geschichten aus meinem Leben fortzusetzen. Doch wir kamen nicht weit mit unseren Erörterungen, da wir öfter durch wundersam geformte und gefärbte Wolkenbildungen, die aussahen wie eine verklärende Luftspiegelung des rauen, öden Karwendelgebirges, abgezogen wurden und schon nach anderthalbstündiger Fahrt den am Fuß des achttausend Fuß hohen Karwendelspitz sich lagernden Marktflecken Mittenwald erreichten.

Bei Mittenwald ergießt sich die Leutasch, ein wildes, aus dunkler Schlucht brausendes Bergwasser des Karwendel, in die Isar, während ein abgeleiteter Teil der Leutasch als offener Kanal den in breiter und fruchtbarer Ebene gelegenen gewerbereichen Marktflecken durchrinnt, den wir am Abend unserer Ankunft nur flüchtig durchwandern konnten, als seine berühmten Werkstätten schon geschlossen waren, welche wir erst am nächsten Morgen kennenlernen sollten.

Bekanntlich wetteifert Mittenwald schon seit ein paar Jahrhunderten mit dem noch klangreicheren Cremona in der Kunst der Anfertigung von Geigen, und wie diese gehen seine Cellos, Kontrabässe, Zithern und Gitarren über die ganze musikalische Welt. Es wird zu ihren Klängen getanzt am Ganges, am Kyros und am

Nil, aber besonders gesucht sind sie in Russland, England und der neuen Welt. Jakob Steiner, ein musikalischer Bauernsohn aus dem Dorfe Absam, hat sich vor dritthalbhundert Jahren einen bedeutenden Ruf als Geigenmacher zu erwerben gewusst und einen anderen Bauernsohn, Matthias Klotz aus Mittenwald, in das Geheimnis seiner Kunst eingeweiht. Mittenwald hatte sich früher lange Zeit hindurch als einer der Hauptstapelplätze des Handelsverkehrs zwischen Italien und Deutschland eines behäbigen Wohlstandes zu erfreuen gehabt, wovon noch manche Bauten aus jenen Jahrhunderten zeugen. Der Ort verarmte aber schnell, seit der Handelszug eine andere Richtung nahm – über Bozen – und erst durch die von Matthias Klotz heimgebrachte Kunst, den mächtigen Fichten auf den Berghängen des Karwendel Musik zu entlocken, wurde neuer Wohlstand in Mittenwald gegründet.

Es gehört das Auge und Ohr eines Kenners dazu, unter vielen gefällten Stämmen die wenigen herauszufinden, welche sich durch Gefüge und Klang des Holzes am besten zur Geigenanfertigung eignen. Diese werden dann in den von den Wassern der Leutasch getriebenen Sägemühlen in feine Bretter zerschnitten und müssen ein ganzes Menschenalter hindurch an der freien Luft trocknen, ehe sie in Form von Geigen zu neuem Leben erstehen, mit einem feinen, geheimnisvoll bereiteten Lack überzogen, der sie überall in der alten und neuen Welt salonfähig macht.

Wir besuchten die Hauptwerkstätten, wo die Geigenfabrikation nach dem Prinzip der Arbeitsteilung betrieben wird, in wetterfesten Häusern mit Vordach und Dachrinnen. Se. Majestät ließ sich gleich in der ersten Fabrik mit gewohnter Gründlichkeit alles bis in die kleinsten Einzelheiten erklären, wie der Körper oder die Form einer Geige gemacht wird, die Schnecke oder der Hals, der Griff, die Stege und Schrauben, die Saitenhalter und die Saiten selber.

Gegen zehn Uhr vormittags schüttelten wir den Staub der Werkstätten von uns, um zunächst einige der alten stattlichen Häuser in Augenschein zu nehmen, welche als Denkmale des Wohlstandes früherer Jahrhunderte, in welchen Mittenwalder Geigen der Welt noch nicht zum Tanze aufspielten, in unsere Zeit herüberragen.

Sie drücken deutlich genug aus, welchen Zwecken sie einst dienten, von den großen Gewölben unten angefangen, deren massige Mauern die Handelsschätze Italiens zur Weiterbeförderung in sich aufnahmen, die einfachen Schreibstuben, behäbigen Wohn- und Schlafzimmer hindurch bis zu den geräumigen Böden. Sie sind nicht regelmäßig gebaut wie die neuen Häuser der schnurgeraden Straßen im südlichen Teil des Marktfleckens, der in den dreißiger Jahren abbrannte, sondern sehen aus, als ob jedes später entstandene den anderen den Vortritt abzugewinnen suchte. Viele sind mit Wandgemälden geschmückt, andere bunt angestrichen, jedes zeigt ein eigenes Gesicht; das eine gibt sich als ehemalige Herberge kund, das andere als Warenhaus, keines ist nach der Schablone gebaut, und alle zusammen geben sie dem Orte ein altertümliches Gepräge ganz eigener Art.

Wir wanderten zum Marktflecken hinaus in das blühende Leutaschtal, wo wir inmitten der Gebirgsherrlichkeit, die uns umragte, die Schanzen und Befestigungen besichtigten, welche sich aus den Franzosenkriegen und früheren Zeiten dort noch finden. General von der Tann lieferte den Kommentar dazu. Ein Kurzes sahen wir das graue Karwendelgebirge und den mächtigen Wetterstein in zauberhafter Beleuchtung, wie man sie in den Bergen oft gerade vor Eintritt schlechten Wetters hat, das denn auch diesmal nicht lange auf sich warten ließ. Doch fanden wir, obgleich bei schon bedrohlich umwölktem Himmel, der nur zuweilen ein bisschen Sonnenlicht durchließ, noch Zeit, die große Leutaschklamm mit ihren gewaltigen, kesselförmigen, Felsen aushöhlenden Wasserfällen zu bewundern, uns an der Pracht der zahllosen wilden Rosen zu erfreuen, welche unsere Pfade förmlich umwucherten, und an dem flötenden, fast nachtigallgleichen Gesang der hellen Grasmücken und der munteren Rotkehlchen, welche sich in so jubelnden Tönen vernehmen ließen, als ob sie einen Festtag feierten.

Die menschlichen Ansiedlungen liegen im Leutaschtale meistens weit auseinander, in altgermanischer Absonderung. Während des freilich sehr kurzen Sommers muss da gut wohnen sein, aber wie es die Leute im Winter aushalten, ist schwer zu begreifen.

Die Waldung kam mir dürftiger vor als im Partenkirchner Tale. Am meisten fielen mir an den Ufern der Leutasch die Espen in die Augen.

Halb ausgehungert und müde von dem vielen Stehen und Umherwandern vom frühen Morgen an, kamen wir um halb zwei Uhr nach Mittenwald zurück, wo das schlechte Wetter nicht zu längerem Aufenthalt einlud. Es wurden deshalb, schon während wir frühstückten, die Wagen angespannt, um uns in die vordere Riß zu fahren.

Bei strömendem Regen trafen wir Donnerstag, den 8. Juli, gegen fünf Uhr nachmittags nach rascher Fahrt in dem königlichen Jagdhause in der vorderen Riß ein, wo der König übernachten und besseres Wetter abwarten wollte. Wir hatten kaum Zeit gehabt, uns in frische Kleider zu werfen, als wir zum Diner beschieden wurden, welches uns diesmal länger fesselte als gewöhnlich, weil es – nicht sowohl des Essens als der Unterhaltung wegen – mehr Annehmlichkeiten bot, als wir draußen hätten finden können, nachdem wir schon seit elf Stunden alle wechselnden Launen des Himmels im Freien erfahren hatten.

Doch je mehr wir versuchten, uns der Ruhe zu erfreuen, desto unruhiger wurde es draußen, und das Regengeprassel wich bald einem Sturme, der keiner Wolke mehr erlaubte, sich auflösend zur Erde zu fallen oder den Bergen als Tarnkappe zu dienen und die Welt grau in grau zu malen. Der Sturm tobte so heftig, dass das Jagdhaus bis in seine Grundfesten erbebte und wir unwillkürlich mitbebten; wenigstens schien es mir so, als mir das Glas Chambertin, welches ich an die Lippen führen wollte, in der Hand zitterte.

Die Natur zeigte sich wie eine gründlich wirtschaftende Hausfrau, welche, nachdem sie große Wäsche gehalten, nun auch an das Lüften und Trocknen denkt.

Nachdem es eine Zeitlang so dunkel gewesen, dass die Leuchter auf der Tafel angezündet werden mussten, wurde es allmählich wieder heller, nicht gleichmäßig und andauernd, sondern stoßweise, fast blitzartig in grellem Wechsel zwischen Schatten und Licht, als ob eines hinter dem anderen herjagte im Kommen und

Verschwinden, bis das Licht zuletzt Sieger blieb, aber ein müder Sieger, dem es nur noch so vor den Augen flimmerte.

Dieses Wechselspiel kontrastierte seltsam mit den brennenden Kerzen auf der Tafel, die alle Leuchtkraft zu verlieren schienen, wenn ein helleres Licht von außen hereinbrach, aber sobald dieses verschwand, ihre Flämmchen wieder so stolz ins Dunkel strahlen ließen, als ob sie imstande wären, die ganze Welt zu beleuchten. Dabei zauberte das Wechselspiel zwischen Dunkel und Helle förmlich gespensterhafte Erscheinungen in das Zimmer.

»Sehen Sie nur«, sagte der König, der ans Fenster getreten war, »welch ein herrliches Schauspiel am Himmel!«

Es zog eine wilde Jagd durch die Luft, wie ich sie in solcher Großartigkeit noch nie gesehen hatte. Man begriff nicht, woher alle die Wolken kamen, die der Sturm in endloser Reihe vor sich hertrieb. Sie folgten einander mit der Geschwindigkeit des schnellsten Vogelfluges, und sie hatten bald selbst die Gestalt von Riesenvögeln, bald von vorsintflutlichen Ungetümen, bald von Schneefeldern, bald von Wasserbergen, bald von Gebirgskuppen, bald von einer ganzen Herde Renner in gestrecktem Laufe. Vergebens strengte man die Augen an, um ein Bild festzuhalten, es wurde immer rasch durch ein anderes verdrängt, das immer neue Formen offenbarte, bald in festen, bald in verschwimmenden Umrissen, die der Phantasie Spielraum zu allen möglichen Vergleichen ließen, sodass dem einen als ein Panzerreiter erschien, was dem anderen als Segelschiff, dem dritten als Elefant, dem vierten als eine sich bäumende Riesenschlange in die Augen fiel. Bald glaubte man ganze Gebirgszüge in Nebelschleiern vorüberschweben zu sehen, bald eine Wüste, bald ein aus seinen Ufern gehobenes Meer mit hochgehendem Wogenschlage. Und alles das kam und ging, aus unerschöpflichem Borne sich fortsetzend, mit einer scheinbar immer wachsenden Eile, als ob die Nachfolger ihre Vorgänger im Vorbeidefilieren an Geschwindigkeit der Bewegung überbieten wollten bei der großen Heerschau, welche der streitbare Sturm über alle seine verfügbaren Kräfte hielt.

Er hielt es länger aus als wir, denn auch das gewaltigste Naturschauspiel wirkt auf die Dauer ermüdend, wenn es nicht durch drohende Gefahr unsere Kräfte zum Widerstande aufruft. Die wilde Wolkenjagd hätte noch tagelang fortdauern können, ohne uns in der letzten Stunde wesentlich mehr zu bieten als in der ersten. Wir waren deshalb alle froh, als der König sich wieder setzte und uns aufforderte, desgleichen zu tun. Die Unterhaltung war bei einer guten Zigarre bald wieder im Gange, und wenn sie sich auch noch eine Zeitlang um das Schauspiel drehte, das uns der Sturm geboten, so achteten wir doch seines Tobens, welches die ganze Nacht fortdauerte, nicht sonderlich mehr.

Am frühen Morgen des 10. Juli verließen wir das in weiter Einöde gelegene Jagdhaus in der vorderen Riß, um durch die hintere Riß unseren Weiterweg nach dem *Achensee* zu suchen. Das königliche Jagdhaus liegt hart an der Stelle, wo das in tiefem, steinigem Rinnsal wirklich reißend einherströmende Wasser der wilden Riß in die Isar stürzt. Die hoch ansteigenden steinreichen Ufer der Riß sind fast den Ufern der Isar bei der Menterschwaige vor München vergleichbar.

Bis zum Eingange in die hintere Riß, wo beim Franziskanerkloster ein allerliebstes Jagdschloss des Herzogs Ernst von Koburg liegt, wurde abwechselnd geritten und gefahren. Dort blieben die Pferde in der Obhut der Reitknechte zurück, und wir begannen unsere Fußwanderung durch das wildschöne Bergtal, wo man sich nicht sattsehen und hören kann an den vielen Gießbächen und Wasserfällen, welche in wunderlichen Sprüngen, Biegungen und Windungen weithin schimmernd von den hohen Alpenwänden herunterplätschern.

Unser immer schwieriger werdender Weg nach dem Plumser Joch hinauf bot bei jedem Schritte großartige Ausblicke in reichster Abwechslung. Am imposantesten sahen die aus tiefdunklem Grün hoch vor uns aufsteigenden nackten, wunderlich gezackten und gewölbten Zinken, Spitzen und Kuppen aus, von denen frischgefallener Schnee uns augenblendend entgegenblitzte.

Der schmale Pfad führte uns bald über Felsenblöcke, bald über Sumpflachen, tiefes Geröll oder schwankende Balken empor. Eine wahre Augenweide bot dabei die in Betracht der hohen Lage überaus üppige Vegetation. Wir sahen zwischen dem überall vorherrschenden Nadelholze prächtige Ulmen, Espen und Ahornbäume, welch Letztere noch in einer Berghöhe von vier- bis fünftausend Fuß vorkommen. Alle Abhänge waren förmlich überwuchert von frischen Alpenrosen; auch fanden wir am Wege eine Menge dunkelblauer Gentianen, und wo keine Blumen zu sehen, breitete sich hoch wachsendes Farnkraut aus.

Nach fast fünfstündigem Wandern und Steigen langten wir gegen drei Uhr nachmittags einigermaßen durchnässt von einem in mehr dicken als dichten Tropfen fallenden Regen auf der Höhe des Jochs an, wo ein paar sehr ärmliche und schmutzige Almhütten standen, wie ich dergleichen in so traurigem Zustande nirgends in den bayrischen Alpen gesehen hatte.

Der königliche Mundkoch war mit sechzehn Trägern vorangestiegen, um auf einem schnell improvisierten Herde das Diner zu bereiten.

Oben sah es ringsum so öde und kahl aus, dass wir nicht begriffen, wie die paar Kühe, die wir dort umherirren sahen, es anfingen, ihr Leben zu fristen. Dabei strich der Wind so frisch, dass er uns von dem langen Steigen Erhitzte förmlich eisig anwehte. Im Freien zu rasten war also nicht ratsam, und die beiden Berghütten sahen in ihren schlechten Eigenschaften einander so ähnlich wie die beiden schnöden Töchter Lears. Die eine sollte zwar eine menschliche Wohnung vorstellen, während die andere nur ein Kuhstall von sehr bescheidenem Umfange war; allein jene erwies sich als zu klein, um uns alle aufnehmen zu können, und hatte auch sonst so wenig Verlockendes, dass der Kuhstall mit seinem doch wenigstens frischen Geruch vorgezogen wurde, wenn es einstweilen auch unmöglich war, ihn zu betreten, ohne Gefahr zu laufen, darin stecken zu bleiben.

Während nun eine Menge rüstiger Hände beschäftigt waren, zunächst durch Säuberung, dann durch Überstreuung des Fußbodens mit Heu, darauf durch Aushebung der Türe zur Herstellung einer Tafel, endlich durch wunderbar komponierte Sitze den Kuhstall in einen königlichen Speisesaal umzuwandeln, suchten wir uns durch bedächtiges Hin- und Herwandeln auf dem Plumser Joch allmählich abzukühlen.

Se. Majestät war in der besten Laune, wie fast immer beim belebenden Hauch der Berge.

Es kam die Meldung, dass alles zum Diner bereit sei, und wir folgten dem König in den Kuhstall, der wie umgezaubert erschien im Glänze der schneeweiß gedeckten Tafel und dessen, was darauf stand.

Als wir am Essen waren, fing's draußen und über uns an zu prasseln, und große Hagelkörner sprangen in den Kuhstall durch die Öffnung, welche die aus den Angeln gehobene Türe gelassen hatte. Kurz darauf erschien eine mächtige Kuh, welche augenscheinlich Schutz vor dem Hagelschauer suchte und, in den Stall glotzend, nicht wenig erstaunt war, ihren Platz schon besetzt zu finden. Sie blieb stieren Auges wie angewurzelt stehen, und ehe sie zur Entscheidung kommen konnte, ob sie ihrem vorgestreckten Kopfe folgen oder sich zurückziehen sollte, wurde sie zurückgetrieben von ihrem bald nach ihr kommenden Hüter oder Eigentümer, einem alten hageren, starkknochigen Riesen. Aber weder beim Erscheinen noch beim Verschwinden mit der Kuh, welche doch wenigstens einiges Erstaunen beim Anstieren der ungewohnten Gesellschaft im Stalle gezeigt hatte, würdigte er diese der geringsten Beachtung.

Je schlechter das Wetter draußen wurde, desto besser wurde unsere Laune bei dem Bewusstsein, dass wir im Trockenen saßen und das Trockene doch nicht in uns. Es wurde kaum ein Glas Wein getrunken, das nicht alte Erinnerungen oder neue Bemerkungen zutage förderte.

Nachdem wir ein paar Stunden hindurch vergebens versucht hatten, unsere gute Laune auch dem Wetter mitzuteilen, musste doch aufgebrochen werden, wenn noch ein erträgliches Nachtquartier erreicht werden sollte. Zunächst galt es, vom Plumser Joch in die Pertisau hinunterzusteigen, was noch schwieriger war als der Aufstieg wegen des ebenso schlammigen als steinreichen Weges. Dem Hagelschauer war nach kurzer Pause ein strömender Regen gefolgt, der an Heftigkeit immer zunahm, je weiter wir in die Tiefe hinabstolperten. Wer ohne den Schutz einer wasserdichten Hülle war, wie mehrere von uns, hatte bald keinen trockenen Faden mehr am Leibe.

Ich ging mit dem Grafen Pappenheim voraus, und da wir am leichtesten gekleidet waren, beschleunigten wir unsere Schritte dergestalt, dass wir um eine Stunde früher als die anderen in der Pertisau eintrafen. Wir wollten unsere Kleider ein wenig trocknen, aber es dauerte fast eine Stunde, ehe der kolossale Ofen im Wirtshause einigermaßen warm wurde, und als wir dann unsere sämtliche Hülle dem Feuer nahe gebracht und uns selbst dazu, da wir nasskalt zitterten wie Espenlaub, trat plötzlich Se. Majestät mit der übrigen Gesellschaft ins Gemach.

Wir hatten uns zu provisorischer Umhüllung ein paar Betttücher geben lassen und der Magd dafür unsere Strümpfe anvertraut, um sie am Küchenfeuer zu trocknen. So standen wir denn im Büßergewande barfuß vor Sr. Majestät nebst lachender Umgebung und mussten uns wieder schnell in das noch nasse Zeug werfen, wobei ich fand, dass einer meiner Strümpfe gründlich verbrannt war, während der andere vor Nässe den Dienst versagte. Trotzdem wurde sofort die Fahrt über den Achensee angetreten, welche etwa fünf Viertelstunden währte und uns in der elften Stunde nachts in die berühmte Scholastica führte, wo wir, vor Kälte klappernd, uns erst an einem Glase Grog erwärmten und dann gleich unser Nachtlager aufsuchten.

Der nächste Morgen (11. Juli), dem wir länger entgegenschliefen als der König, entschädigte uns wenigstens durch ein paar schöne Stunden für das überstandene, alle Reize der Gebirgswelt verhüllende Regenwetter.

Mir war der schöne *Achensee*, der mit Recht als der schönste des nördlichen Tiroler Landes gerühmt wird, von früher schon bekannt durch Ausflüge, die ich von Rottach am Tegernsee aus, wo ich wiederholt meine Sommerferien verlebte, unternahm; ich habe ihn auch später noch öfter besucht und immer Schätze sonniger Erinnerungen mit heimgebracht.

Von der Scholastica aus übersieht man fast die ganze Weite des tief von schroffen, aber herrlich gestalteten Kalkgebirgen eingerahmten Sees, dessen glänzende Flut zwischen durchsichtigem Grün und durchsichtigem Blau hin und her spielt, d.h. bei klarem Himmel, denn sonst ist sie dunkel wie die Nacht und rollt nur am Ufer lichtere Farben auf.

Scholastica – so heißt das schlichte, aber sehr anheimelnde Gasthaus, wo wir mit Sr. Majestät übernachteten – verdankt ihren an die Schwester des heiligen Benediktus erinnernden Namen und guten Ruf der darin waltenden Eigentümerin, einer wahren Musterwirtin, die sich auch außerdem als Nichte von Anton Aschbacher, dem Freunde und Kampfgenossen Andreas Hofers in den Kämpfen des Jahres 1809, eines besonderen Ansehens unter dem Volke erfreute. Da lag denn der Achensee während der wenigen sonnigen Stunden, die uns der Himmel am Sonntagmorgen gönnte, um nachher wieder desto ärger zu strömen, in seiner ganzen Herrlichkeit vor uns, im Kranze seiner von den Malern so oft aufgesuchten Berge, die den Wasserspiegel, welcher selbst schon nahezu dreitausend Fuß hoch über dem Meere liegt, in ihren höchsten Spitzen noch um fünftausend Fuß überragen.

Für uns hatte sich der Wolkenvorhang diesmal nur aufgetan, um, nachdem er unseren Augen ein erhebendes Schauspiel enthüllt, das nicht länger währte als eine Theatervorstellung, wieder zu fallen, und da alle Wetterzeichen auf anhaltendes Regenwetter deuteten, so ließ der König anspannen, um nach dem Wildbade *Kreuth* zu fahren, wo allerlei Regierungssachen ihrer Erledigung harrten.

Der Regen war auf der Fahrt nach Kreuth, wo wir um 7 Uhr abends eintrafen, wieder unser treuer Begleiter gewesen, und fortwährend aufsteigende Nebel verkündeten, dass er auch so bald kein Ende nehmen werde.

Wir wanderten auf eigene Faust umher und fanden den Badeort trotz des Regens noch sehr belebt von eleganten Herren und Damen und anderen Leuten im Sonntagsputz, die wohl erwarteten, noch Gelegenheit zu finden, den König zu sehen.

Ich war schon oft in Kreuth gewesen, und doch kam ich mir dieses Mal vor wie in eine neue Welt versetzt, und einigen meiner Reisegefährten, denen ich meine Empfindungen mitteilte, ging's ebenso. Dies erklärte sich einfach daher, dass wir seit unserer Abreise von Lindau nichts Städtisches gesehen, nur mit dem Volke verkehrt und nun plötzlich wieder einen gedrängten Auszug der sogenannten großen Welt vor uns hatten, in auffallendem Kontrast zu unserer eigenen, nichts weniger als eleganten Erscheinung, da unsere Reisekostüme, unberührt von jeder Modelaune, nur auf wetterfeste Bequemlichkeit berechnet und schon durch viele Bergbesteigungen und Regengüsse arg mitgenommen waren. So traten wir denn in unseren mit Nägeln beschlagenen Bergschuhen ganz anders auf als die in lackierten Stiefelchen an uns vorüberschwebenden modischen Herren und Damen. –

Der folgende Tag, 12. Juli, versetzte uns in dem kleinen Wildbade noch lebhafter in die große Welt als der vergangene Abend, wo wir doch bloß als Zuschauer den neuen Erscheinungen gegenüber gestanden, während wir nun in nähere Berührung mit vielen derselben traten und auch unsere Toilette darnach einrichten mussten, da es eine Menge Besuche zu empfangen und zu erwidern gab, so dass ich kaum genügend Zeit fand, ein paar dringende Briefe zu schreiben.

München war unter den Badegästen besonders durch höhere Beamte zahlreich vertreten; mancher alte Bekannte tauchte bei Tageslicht auf und neue kamen hinzu. Auch an Fremden war kein Mangel, die sich in Kreuth aufhielten, um die Heilkraft der eisenhaltigen Schwefelquelle und der kräftigen Luft des waldfrischen Hochalpentals zu erproben, welches gern von Brust- und Nervenleidenden aufgesucht wird und besonders durch seine treffliche Molke berühmt ist, wozu eine ganze Herde von Ziegen aus den würzigen Kräutern der Alpenweiden das Material liefert.

Man kann von Kreuth nicht sprechen, ohne des edlen Prinzen Karl zu gedenken, der am meisten zum Aufschwung und zur Verschönerung des Wildbades getan, dem er seine besondere Fürsorge widmete, um es durch vortreffliche Einrichtungen nicht bloß zu einem angenehmen Aufenthalt für begüterte Fremde, sondern auch für arme Kranke zu machen, welche immer in ansehnlicher Zahl auf seine Kosten verpflegt wurden, wie er denn überhaupt bis zu seinem Tode ein unerschöpflicher Bronn des Wohltuns für die ganze Gegend war. In Tegernsee, der Sommerresidenz des Prinzen Karl, erfuhr ich aus guter Quelle, dass er über hunderttausend Gulden jährlich für wohltätige Zwecke ganz im Geheimen spende.

Nachdem wir in kurzer Zeit alles erschöpft, was Kreuth uns bei schlechtem Wetter bieten konnte, und sogar die Ziegenmolke geprüft und vortrefflich befunden hatten, wünschte uns Seine Majestät gute Nacht, mit der freundlichen Weisung, uns am nächsten Morgen bereitzuhalten, die Reise zu Pferde fortzusetzen.

Wir waren Dienstag, 13. Juli, früh auf den Beinen und richteten flehende Blicke zum Himmel empor, in der Hoffnung, ihn zu bewegen, uns sein Angesicht einmal wieder unumwölkt zu zeigen. Als wir aber nach stundenlangem Warten uns in unserer Hoffnung getäuscht sahen, stiegen wir zu Pferde und ritten getrost den immer neu aufsteigenden Wolkenzügen entgegen.

Nach halbstündigem Ritte gelangten wir aus dem Wildbade in das uralte, auf drei Seiten von Bergen umschlossene, allerliebste *Dorf Kreuth* und von dort in ebenso kurzer Zeit nach Rottach am Tegernsee, wo mir nicht nur jedes Haus, sondern fast jedes Gesicht bekannt war.

Wir kamen an den Gasthof zum Scheurer vorbei, wo ich bei kürzerem Aufenthalt abzusteigen pflegte. Dicht daneben, aber mehr zurückgezogen, lag das Haus von Brunner, wo ich ein paarmal monatelang gewohnt hatte. Die Leute standen alle vor den Türen, als wir vorüberritten, und mancher freundliche Blick und Gruß wurde gewechselt.

Der Regen, welcher fast eine Stunde lang aufgehört hatte, fing wieder so heftig an, als ob er Versäumtes nachzuholen hätte, und wir suchten nach Pferdekräften vorwärts zu kommen, um die Kaiserklause zu erreichen, wo das Diner eingenommen werden sollte.

Diese Kaiserklause, auch die *Valepp* genannt, und zwar in eine rote und eine weiße Valepp geschieden, ist eine Lichtung inmitten majestätischer Wald- und Bergwildnis mit nur einer einzigen menschlichen Ansiedelung in Gestalt eines mächtigen Forsthauses, welches mit seiner blumengeschmückten Altane, die sich rings um die Mauer zieht, mit seinem die Fenster umrankenden Efeu und dem riesigen Hirschgeweih über der Tür einen anheimelnd poetischen Eindruck macht.

Diese trauliche Einsamkeit in der Wildnis, traulich in dem Sinne, wie man wohl eine schützende Stätte so nennt im Gegensatz zu ihrer schutzlosen Umgebung, erscheint wie verbarrikadiert von zahllosen Baumstümpfen und gefällten Stämmen, welche von der harten Arbeit der Holzknechte zeugen. Die umliegenden mächtigen Bergwälder sind reich an Edelwild und der kühle Wildbach an schönen Forellen.

Die Kaiserklause übt im Sommer eine starke Anziehungskraft auf alle tanzlustigen Bergbewohner weit und breit in der Runde. An besonderen Feiertagen steigen die Holzknechte von den Felswänden, die Senner und Sennerinnen von den Almen herunter, um sich im Verein mit anderem jungen Volk in der Valepp einmal wieder recht auszustampfen, auszujuchzen und auszusingen. Das Forsthaus sorgt für gute und billige Bewirtung und der Tanzboden ist im Freien aufgeschlagen. Oft wiederholt sich das Vergnügen nicht, welches nur an Erinnerungstagen weniger auserwählter Kirchenheiligen stattfindet, aber dann auch gründlich genossen wird. Und was unter den Sommergästen im Gebirge noch Sinn für urwüchsige Lebenslust hat, kommt aus der Nähe und Ferne herbei, um sich das muntere Treiben mit anzusehen, welches oft auch vornehme Herren und Damen in seine tanzenden Kreise zieht, ohne jedoch im Geringsten gegen den Anstand zu fehlen, der allen Hochländern in Bayern eigen ist.

So habe ich in der Valepp, die ich von Rottach und Schliersee aus öfter besuchte, Prinzen und Grafen mit Sennerinnen, und Prinzessinnen und Gräfinnen mit Holzknechten tanzen sehen, in harmloser Unbefangenheit auf beiden Seiten.

Aber nicht bloß bei so festlichen Gelegenheiten ist die Kaiserklause belebt: Jeder Tag bringt im Sommer und Herbst dem Forsthause Gäste. Viele Maler kommen hierher mit ihren Skizzenbüchern; viele Reisende aus allen Teilen Deutschlands, um nach Anweisung ihres Baedeker die Wälder und Berge zu bewundern, und den Bergsteigern bietet besonders das hohe Sonnwendjoch, dem gegenüber der Wildbach in tiefem Felsenbette hoch aufschäumend dahinrauscht, ein lockendes Ziel.

Wir konnten diesmal bei dem schlechten Wetter von all den Herrlichkeiten nicht viel genießen, doch waren sie uns schon von früher wohl bekannt, und ein gutes Mahl, durch belebende Unterhaltung gewürzt, tröstete uns über das schlechte Wetter hinweg. Später klärte sich der Himmel doch noch auf und zwar in einer Weise, die Dauer versprach und hielt, sodass wir, unsere Reise fortsetzend, auf dem Ritte nach *Fischbach* herrliche Ausblicke in die frisch gewaschene Bergwelt hatten und vom Joch eines Berges aus, dessen Name mir entfallen, den Schliersee in wundervoller Abendbeleuchtung unter uns schimmern sahen.

In dem großen und höchst gemütlich eingerichteten Hause des Revierförsters von Fischbach sollte übernachtet werden; allein es verging nach unserer Ankunft noch eine geraume Zeit, bevor wir unsere Schlafgemächer aufsuchten, denn erstens hatte der König mit dem Revierförster mancherlei Wichtiges zu besprechen und zweitens besaß dieser ein paar sehr schmucke Töchter, welche weit umher wegen ihrer Kunst in Zitherspiel und Gesang bekannt waren. Sie entfalteten die Schätze ihrer Stimme ohne Ziererei und sangen dem Könige zum Klange der Zither ihre schönsten Gebirgslieder vor in Herzenstönen, die noch lange in uns nachtönten.

Am anderen Morgen, Mittwoch, 14. Juli, brachen wir früh nach *Bayrisch-Zell* auf, um von dort aus den Wendelstein zu besteigen, wozu das Wetter sich günstig anließ. Der alte Bürgermeister des freundlichen Alpendörfchens diente uns als Führer den nahezu 6000 Fuß hohen Berg hinan, und Se. Majestät unterhielt sich auf das Freundlichste mit ihm, aber unter großen Schwierigkeiten, da er wegen seines schlechten Gehörs nur verstand, was man ihm förmlich ins Ohr hineinschrie, jedoch wie viele Taube, sich den Anschein gab, alles zu verstehen, und so meist Antworten hervorbrachte, die zu den Fragen passten wie Postillionsstiefel zu den Füßchen einer zierlichen Balldame. Dabei kamen die Antworten immer so langsam zum Vorschein, wie ein Eimer Wasser aus einem tiefen Ziehbrunnen; war er aber einmal im Zuge, so flossen die Worte so schnell und in so unartikulierten Tönen aus seinem Munde, wie das Wasser aus einem umgestülpten Eimer, und dem Worterguß folgte immer ein singender Nachklang. Erwägt man dazu, dass er seinen heimatlichen Dialekt vorwiegend in Gurgel- und Nasentönen zum Ausdruck brachte und jede Rede durch ein tief ausholendes Lachen einleitete, als ob ihm bei jeder Frage, die er nicht gleich verstand, eine komische Geschichte einfiele, welche sich nicht gut erzählen ließ, deren Wirkung auf ihn selbst er jedoch nicht unterdrücken konnte – so wird man begreifen, dass der Altmeister bayerischer Dialektpoesie, Franz von Kobell, ein paarmal dolmetschend beispringen musste, um ein reines Verständnis zwischen König und Bürgermeister zu ermöglichen.

Dieser Bürgermeister war ein hochgewachsener, breitschulteriger Mann mit klugem, etwas vorgebeugtem Kopfe und ein paar Medaillen auf der Brust, als Zeugnis, dass er in seiner Jugend auch die Franzosenkriege mitgemacht. Trotz seines Alters stieg er die Bergpyramide noch so rüstigen Schrittes hinan, dass man ihm nicht die geringste Ermüdung anmerkte. Auch wir fanden, bis wir in die Region der Alpenweiden kamen, das Steigen nicht sonderlich beschwerlich, wenn es auch in der Hitze des Tages, besonders bei der Umgehung einer tiefen Schlucht, ein bisschen langsam vorwärts ging. Aber je höher wir kamen, desto mehr wuchsen die Schwierigkeiten, die man für nicht schwindelfreie Steiger auch wohl Fährlichkeiten nennen kann, auf schmalen, an steilen Felswänden hinlaufenden Pfaden, bald im Zickzack aufsteigend, bald über scharfe Kanten und Felsvorsprünge führend, den Blick in die schauerliche Tiefe des jähen Abhangs ziehend. Erst nach mehr als vierstündigem Klettern erreichten wir den steil und einsam in die Luft starrenden Gipfel, auf welchem eine kleine Kapelle steht, die rundum so wenig freien Raum übrig lässt, dass man sich an ihre Wände drücken muss, um mit einiger Sicherheit die herrlichen Fernblicke in die Tiroler und Schweizer Alpenwelt zu genießen mit ihren schimmernden Gletschern und

Schneefeldern. Auf der anderen Seite sieht man verschiedene Seen, darunter den größten in Bayern, den Chiemsee, in der Sonne glänzen, und der Blick reicht landeinwärts bis über München hinaus.

Die kleine Kapelle mag kaum fünf Fuß im Quadrat enthalten, umschließt aber in diesem engen Raume eine Menge wunderlicher Heiligenbilder, die gewiss nicht wenig beigetragen haben zu dem Heiligenscheine, welchen die malerische Bergpyramide in den Augen des Volkes hat:

»Glaubt mir, dass ich oft mein',
Über mein' Wendelstein
Geht mir kein andrer Platz,
Er ist mein höchster Schatz – «

beginnt ein vielgesungenes Lied, welches, jede Strophe mit einem jubelnden Jodler schließend, in Text und Melodie auf das Glücklichste die Gefühle ausdrückt, welche das Volk beim Anblick des erhabenen Bergaltars bewegen.

Wie ich durch den sehr gebildeten Schullehrer von Bayrisch-Zell erfuhr, wurde das Lied von seinem Vorgänger im Amt gedichtet und komponiert, aber gleichsam aus dem Herzen des Volkes heraus, sodass es bald in aller Munde war und sich als wirkliches Volkslied bewährte. Seine herzerfreuenden Klänge begleiteten uns auch bei der Ersteigung des Wendelsteins in einer wahrhaft poetischen Weise. So oft der König nach anstrengendem Emporklimmen ein paar Minuten rastete, scholl uns von weiblichen, metallreichen und wohlgeschulten Stimmen das Lied vom Wendelstein in die Ohren, bald von unten herauf, bald von oben herunter, bald von der Seite her, ohne dass von den Sängerinnen eine Spur zu entdecken war, so dass ihr Gesang wie die reine Zauberei erschien.

Wenn der alte Bürgermeister nach der versteckten Ursache dieser holden Wirkung gefragt wurde, so lachte er geheimnisvoll, dabei die Neugier mit den Händen abwehrend, als ob er sagen wollte: Geduldet euch nur; es wird schon alles zu rechter Zeit an den Tag kommen!

War doch die eine der beiden Sängerinnen seine Tochter, und was für eine Tochter! Er hatte ein Recht, stolz darauf zu sein.

Beim Abstieg musste natürlich jeder einzeln die unwegsamen Felsen herunterklettern, um in die Region der Alpenweiden zurückzugelangen. Ich folgte den Spuren des Generals von der Tann, der immer einen raschen Überblick und festen Schritt hatte und auch einen tüchtigen Sprung nie scheute, wenn es galt, den Weg abzukürzen. Wir kamen beide, nach einem Glase frischer Milch lechzend, eine gute Weile früher bei der Sennhütte auf der Hochalm an als diejenigen Herren, welche in der Nähe Sr. Majestät blieben, da der König, sich streng an die Ratschläge des Arztes haltend, jede Überhastung beim Bergsteigen zu vermeiden suchte.

Auf der Hochalm waren außer dem Küchenpersonal, welches die Zurüstungen zum bevorstehenden Diner traf, eine Menge Menschen aus Bayrisch-Zell versammelt und darunter, neben anderen hübschen Mädchen, auch die beiden geheimnisvollen Sängerinnen, die uns nun, als wir sie näher ins Auge fassten, wirklich wie der verkörperte Auszug aller Gebirgspoesie erschienen. Das waren ein paar Hochlandstöchter, wie man sie sich schöner nicht wünschen konnte: fest und schlank gebaut, voll sittiger Unbefangenheit in ihrem Auftreten, elastisch in ihren Bewegungen, alles aus einem Gusse. Es freute sie, zu hören, dass sie durch ihren herzhaften Gesang Sr. Majestät und uns allen große Freude gemacht. Höher als bis zur Hochalm waren sie nicht mitgestiegen, weil sie oben sich nicht hätten verbergen können, aber sie hatten ihre Lieder aus dem letzten Felsenversteck noch so lange emporgejubelt, bis wir oben waren.

Eine Sennerin brachte die erbetene Milch. Der Küchenmeister, dies bemerkend, fragte, ob uns ein Glas kühlen Champagners nach der Anstrengung nicht besser bekommen würde; bis zum Diner werde ohnehin wohl noch eine Stunde vergehen. Ich fand den Vorschlag der Lage sehr angemessen.

»Habt ihr schon einmal Champagner getrunken?«, fragte der General die beiden Sängerinnen. Das perlende Getränk war diesen völlig unbekannt. »Dann müsst ihr ein Glas mit uns versuchen«, sagte der General.

Sie gingen mit derselben Unbefangenheit darauf ein, als ob man ihnen ein Glas Milch angeboten hätte, und bald saßen wir zusammen an einem Tische mit einer in Eis gestellten Flasche vor uns. Als wir eben in der besten Unterhaltung begriffen waren, kam der König mit den anderen Herren und trug noch dazu bei, die gute Stimmung zu erhöhen.

Es war interessant, zu beobachten, wie natürlich, taktvoll und ungezwungen die beiden schönen Mädchen sich Sr. Majestät gegenüber benahmen. Man sah ihnen die große Freude an, ihren König und Herrn unter so günstigen Umständen kennenzulernen und von ihm so freundliche Worte über ihren poetischen Gesang zu hören, aber weder in ihren Worten noch Gebärden zeigte sich eine Spur von Verlegenheit. Man hätte glauben können, ein paar als Landmädchen verkleidete Prinzessinnen vor sich zu sehen, wenn dem die urwüchsige Frische der Erscheinung nicht widersprochen haben würde. Sie trugen ganz das Gepräge der angeborenen Vornehmheit, wovon das Hochland etwas den meisten seiner Kinder mit ins Leben gibt.

Der König hatte für alles Feinere und Höhere in der Menschennatur, gleichviel in welcher Hülle es sich offenbarte, ein feines Verständnis, und so verstand es sich für ihn gleichsam von selbst, dass diese beiden Mädchen nicht bloß zur Tafel gezogen wurden, sondern auch die Ehrenplätze erhalten mussten.

Als die Tafel nun unter den Augen des alten, vielerfahrenen Küchenmeisters sorgfältig gedeckt war, mit prächtigen Alpenrosen geschmückt und von Kristall und Silber blitzend, darin sich die Abendsonne spiegelte und allerlei Farbenwunder auf das schneeweiße Gedeck zauberte, während das Volk, neugierig staunend, aber nirgends zudringlich, in bescheidener Ferne umherstand, mochte mehr als einem der Gedanke aufsteigen, dass wohl nie ein Königsgelage in allen Prunkpalästen der Welt des Herrlichen so viel geboten wie dieses auf der grünen Hochalm des Wendelstein, wo dem Blicke nichts Grenzen steckte als der wolkenlose Himmel über uns, fröhliche Menschen vor uns, blühende Länder unter uns und im Schimmer der Abendsonne glühende Bergriesen in der Ferne.

Die Tafel war so gestellt, dass der König den schönsten Ausblick ins Freie hatte. Zur Linken und zur Rechten Sr. Majestät saßen die beiden schönen Mädchen aus Bayrisch-Zell. Diesen zunächst erhielten dann diejenigen Herren ihren Platz, welche mit zuletzt von der Spitze des Wendelsteins heruntergestiegen waren. Die Mädchen bildeten in der Tat einen wahren Schmuck der Tafel, wie die Alpenrosen. Sie gaben sich schlicht und natürlich, wie sie waren, und sie waren reizend.

»Ich glaube«, sagte der König, in der heitersten Laune zu uns gewandt, die wir Sr. Majestät gerade gegenüber saßen, »ich glaube, dieses poetische Gelage auf dem Wendelstein würde der Königin auch große Freude gemacht haben. Schade, dass sich kein Bild davon festhalten lässt.«

»Das ließe sich schon machen«, erwiderte General von der Tann mit seiner gewohnten Ruhe.

»Wie meinen Sie das?«

»Schon heute früh in Bayrisch-Zell meldete sich ein wandernder Photograph bei mir mit der Bitte, mich für ihn bei Majestät zu verwenden. Ich habe ihn für alle Fälle veranlasst, hier oben einige der schönsten Punkte aufzunehmen.«

»Wo ist der Mann?«

»Ganz in der Nähe.«

»Lassen Sie ihn gleich kommen, sonst wird es zu spät mit dem Tageslicht.«

Die Diener wussten so gut wie wir, dass der wandernde Photograph schon lange auf der Lauer stand und nur eines Winkes bedurfte, um seinen Kasten aufzustellen. Er erschien so schnell, als ob er aus einer Versenkung aufgestiegen wäre. Aber während er nun in einiger Entfernung hinter uns, die wir dem Könige gegenübersaßen, seine Vorbereitungen zur Aufnahme traf, erwog ich in meiner Seele, dass es doch unschön sein würde, auf einem für die Königin bestimmten Bilde Ihrer Majestät den Rücken zuzukehren, und ich erlaubte mir, diese Erwägung dem Könige mitzuteilen. So wurde denn die Anordnung getroffen, dass wir, deren Rücken sich diesmal am unrechten Platze zeigte, aufstehen und hinter der besetzten Längenseite des Tisches, deren Mittelpunkt der König bildete, Stellung nehmen sollten. Die Plätze an der Tafel ließen zwischen Sr. Majestät, den beiden Mädchen und deren Nachbarn angemessene Zwischenräume frei, welche wir Hintermänner, den hohen Alpenstock in der Hand, möglichst malerisch auszufüllen suchten.

Das Bild gelang zu allgemeiner Zufriedenheit und wurde möglichst schnell an Ihre Majestät expediert, über deren Schreibtisch wir es später, nach unserer Ankunft in der königlichen Villa zu Berchtesgaden, wiederfanden.

Der Photograph, für dessen leibliches Wohl der Küchenmeister vorher gesorgt hatte, war glücklich, nun auch als Lichtbildner noch kurz vor dem Scheiden der Sonne das Ziel seiner Wünsche erreicht zu haben.

Der Tag endete so schön, wie er begonnen hatte; man durfte ihn zu den wenigen ungetrübt guten Tagen zählen, die das Leben bietet. Der Abstieg vom Wendelstein war in der kühlen Abendluft noch erfreulicher, als der Aufstieg am heißen Morgen gewesen war. Der ganze Berg schien belebt; es jauchzte und jodelte von allen Seiten, aber nicht wild durcheinander, sondern immer wie Gruß und Gegengruß. Was uns von den Burschen, die sich oben auch einen guten Tag gemacht hatten, zu Augen kam, ging nicht, sondern tanzte jubelnd den Berg hinunter.

Die beiden Mädchen ließen ebenfalls ihre Stimmen wieder vernehmen, deren Frische durch das Diner nicht gelitten hatte; sie schmetterten ihre Lieder in die Nacht hinein wie Lerchen in den Morgen, aber sangen diesmal nicht im Versteck, sondern in unserer Nähe, denn sie blieben bis unten unsere Weggefährten und machten dadurch die Führerschaft des alten Bürgermeisters überflüssig, der sich das auch schmunzelnd gefallen ließ und nur hin und wieder unverständliche Worte hervorgurgelte, denen regelmäßig die Schlusskadenz eines aus unergründlicher Tiefe aufsteigenden Lachens folgte. Als es dunkler wurde, fanden sich, wie aus der Erde gestampft, Fackelträger, welche dem Könige voranleuchteten, mit ihren Fackeln ein großes M bildend. An einer Stelle wurde Halt gemacht, um mit Gesang, Zurufen und Stutzenschüssen ein seltenes Echo aus seinem Schlafe zu wecken, und der Widerhall klang feierlich durch die zauberische Nacht. So kamen wir wie durch lauter Zauberei um zehn Uhr abends glücklich wieder am Fuße des Wendelsteins an, wo es von Menschen wimmelte und von Fackeln glänzte. Es fehlte unter dem Gewimmel auch nicht an hübschen Sennerinnen und sonstigen schmucken Mädchen, die herrliche Sträuße von Alpenrosen, Gentianen und Edelweiß brachten, und der König wusste für alle, die in seine Nähe kamen, ein freundliches Wort zu finden. Er unterhielt sich noch mit dem Geistlichen und dem Schullehrer von Bayrisch-Zell, von denen er viel Gutes gehört hatte, und nahm dann Abschied von dem freundlichen Bayrisch-Zell, doch nicht ohne eine komische Szene zu erleben mit einem unglaublich feisten Ziegenbocke, der, ähnlich wie der alte Kavallerist am Fuße des Grünten, in den gewagtesten Sätzen und Sprüngen einen großen Kreis beschrieb, jeden zurückstieß, der seinen Kreislauf hemmen oder beschränken wollte, und als der König den Wagen bestieg, diesem nachsprang, dabei aber durch ein paar handfeste Burschen zu Falle gebracht und gebändigt wurde.

Wir fuhren noch in derselben Nacht, so schnell die Pferde laufen konnten, nach Schliersee, wo wir eine halbe Stunde vor Mitternacht eintrafen, aber noch den größten Teil der Bevölkerung auf den Beinen und viele Häuser illuminiert fanden.

Sämtliche Beamte des Orts und der nächsten Umgegend hatten sich eingefunden, Se. Majestät zu begrüßen; sie wurden in demselben Zimmer empfangen, wo wir versammelt waren, und so hatten wir Gelegenheit, die Ausdauer und Geduld zu bewundern, mit welcher sich der König auf das Freundlichste eingehend mit jedem unterhielt. Erst um ein Uhr kamen wir ins Bett.

Am anderen Morgen, 15. Juli, standen wir alle wie auf Verabredung etwas später auf als gewöhnlich, mit Ausnahme des Königs, der schon früh allerlei Geschäfte erledigte. Wir frühstückten gemeinsam im Pavillon vor dem Gasthofe am See, wo sich gegen 10 Uhr Seine Majestät auf ein Kurzes zu uns gesellte und mich dann mit sich zu einem Spaziergange nahm. Ich war in Schliersee ebenso gut bekannt wie in den Ortschaften am Tegernsee, von wo aus ich öfter herüber gewandert war, um eine befreundete Familie, die den Sommer hier zuzubringen pflegte, zu besuchen. Der Weg über den Westerhof und die Gindelalp bot immer reiche Augenweide für einen Ausflug, der von einem See zum anderen nicht mehr als drei Stunden rüstigen Wanderns in Anspruch nahm, und Schliersee gehörte damals noch zu den Orten, deren Bewohner treu an alter Tracht und Sitte festhielten, wenigstens zum großen Teile.

Ich führte Se. Majestät in einige solche Häuser, welche von außen und innen als charakteristisch für die Landschaft gelten konnten, prunklos, aber zweckmäßig gebaut, wetterfest und voll Einklang in all ihren Teilen, und die schlichten, nicht auf weichliche Bequemlichkeit berechneten Möbel, sowie die Gerätschaften überall den Räumlichkeiten entsprechend. Eine gewisse Ausschmückung zeigte sich vorwiegend in demjenigen Teile des Hausrats, welcher die ererbten oder durch eigenen Fleiß erworbenen Schätze der Familie barg: alte Krüge, Tassen, Ringe, Leuchter, Lampen usw. und vor allem einen reichen Vorrat an Leinwand. Diese und ähnliche Schätze wurden in sogenannten Tölzer Schränken und hochgewölbten Koffern in einen besonderen Zimmer aufbewahrt, an dessen Wänden neben altem Bildschmuck auch zierlich geformte und bemalte Siebe von verschiedenem Umfang glänzten, denen man es ansah, dass sie nicht zu praktischem Gebrauch, sondern nur als symbolischer Zierrat dort hingen. Die Schränke und Koffer waren bemalt, aber nicht mit schreienden Farben; alles stimmte zueinander und zu der Umgebung. Und zwischen dem zur Ausstattung für die Kinder bestimmten, hoch aufgestapelten Bettzeug und dergleichen war eine Art Hausaltar mit schützendem Heiligenbilde angebracht.

Der König war sehr erbaut von diesen Häusern und von ihren Bewohnern, die dazu passten wie der Kern zur Schale, da sie auch in ihrer Tracht der alle nationale Eigenart verwischenden Mode noch nicht die geringste Konzession gemacht hatten.

Ich führte Se. Majestät nun in das Haus des stattlichen und wohlhabenden Hofbauern, dessen schmucke Schwestern noch an der alten heimatlichen Tracht festhielten, während er selbst durch

Handelsverkehr oft nach München geführt und auch oft vornehme Gäste unter seinem Dache zur Sommerfrische aufnehmend, nach und nach dahin gekommen war, das städtische Element mit dem ländlichen in Kleidung und Hauseinrichtung zu vereinigen.

Unser letzter Besuch galt dem Hoffischer, einem wahren Prachtexemplar von Manne. Schliersee war immer reich an kräftigen und stattlichen Männergestalten und hübschen Frauen und Mädchen, allein der Hoffischer mit seinen Söhnen und Töchtern übertraf sie alle an Mächtigkeit der Erscheinung. Man kam sich förmlich zwerghaft unter diesem Hünengeschlechte vor, welches einen lebendigen Kommentar zu den alten Götter- und Heldensagen lieferte. In der gewaltigen Gliederung dieser Menschen lag durchaus nichts Rohes und Ungefüges: Alles trug das Gepräge kraftstrotzender Schönheit. Und diese Kraft, die man jeder Bewegung ansah, äußerte sich keineswegs ungestüm oder vordringlich, sondern mit spielender Gelassenheit, denn sie hatte keine Felsblöcke zu schleudern oder Bäume aus der Erde zu reißen, sondern nur das Ruder zu schwingen und Netze zu spannen. Alle Kinder der Familie waren musikalisch begabt. Die vier erwachsenen Riesensöhne bildeten ein Gesangsquartett, das als vorzüglich gelten konnte, wenn sie auch selbst wenig Aufhebens davon machten und nur zu Hause sangen.

Einer dieser Söhne des Hoffischers, eine wahre Siegfriedgestalt, machte einen schon fürsorglich mit Blumen geschmückten Kahn flott, und seine Schwester, die schöne Fischermarie, wie sie weit und breit hieß, ruderte uns in den kleinen, rings von waldfrischen Bergen umschlossenen See hinaus, der den sonnigen Himmel so ruhig widerspiegelte, als sei er selbst ein Stück davon, zwischen den grünen Bergen ausgespannt. Die schöne Fischermarie hätte, in eine Brünne gesteckt, als die leibhaftige Brunhilde gelten können.

Sie fuhr uns nach der kleinen Halbinsel, wo eine einst nicht minder schöne und kräftige, aber nun längst zur Greisin gewordene Vorgängerin von ihr hauste, die weitum im Lande berühmte Fischerliesel, die auch vor Zeiten Könige, Kaiser und Prinzen gerudert.

Der Gasthof, wo Se. Majestät mit uns abgestiegen war, hieß noch »Zur Fischerliesel«, zeigte sie über der Tür im Bilde, einen Kahn durch den See rudernd, hatte einst ihr gehört, war durch sie in Aufschwung gekommen und berühmt geworden als Absteigequartier vieler großer und kleiner Herren, die sich gern mit der schönen Fischerliesel unterhielten, und vieler Maler, welche ein besonderes Vergnügen darin fanden, sie zu malen. Jetzt war sie auf den Altenteil gesetzt und ihre an den Posthalter verheiratete Tochter ihre Nachfolgerin in der Wirtschaft geworden. Sie selbst aber hatte, lebhaften Geistes und wechselvollen Verkehrs bedürftig, wie sie auch in ihren alten Tagen noch war, auf der gegenüberliegenden kleinen Halbinsel eine neue Wirtschaft gegründet, wo es ihr, dank der Zugkraft ihres Namens und einstigen Glanzes, an flüchtig einkehrenden Gästen nie fehlte, denen sie immer gern aus den goldenen Tagen der Vergangenheit erzählte.

Se. Majestät hatte natürlich auch viel von ihr gehört und war neugierig, sie einmal zu sehen, fühlte sich jedoch von den Äußerungen ihrer gemachten Naivität nicht sonderlich angenehm berührt. Kaum waren wir ans Land gestiegen, als sie mit ausgebreiteten Armen auf den König zugeeilt kam und ihn dann auch wirklich an ihr pochendes Herz drückte, mit dem Ausruf: »Grüß di Gott, Kini Max! Was siehst deinem Großvater gleich!« Und so ging's weiter. Hiernach fühlte sich auch die kleine, nicht sonderlich sauber aussehende Kellnerin berechtigt, Seiner Majestät zutraulich mit einem »Grüß di Gott, Kini Max!« die Hand zu bieten und dabei einen Strauß zu überreichen, den der König verwundert ansah, da es ein alter, aus künstlichen Blumen bestehender Strauß war, ganz geschwärzt von Fliegenschmutz und Kohlenruß.

»Bist du die Enkelin der Fischerliesel?«, fragte Se. Majestät.

»Nein, Herr Kini«, antwortete sie, »i bin die Kellnerin.«

»Ach so!«

Es wurde nun von der Alten mit zahnlosem Munde die Erinnerung an so viele Kaiser, Könige und Prinzen aufgefrischt, dass der König an dem romantischen Zauber bald genug hatte und sich mit mir an ein einsam schattiges Plätzchen am See zurückzog, um von anderen Dingen zu sprechen.

Der Tag fing an, drückend heiß zu werden, und der See lag so kühl verlockend vor uns, dass ich große Lust verspürte, ein Bad zu nehmen, wozu ein Badehäuschen, aus welchem man hinausschwimmen konnte, bequeme Gelegenheit bot. Se. Majestät ließ sich auch zu einem Bade verlocken, wollte aber erst den Kammerdiener erwarten, nach welchem geschickt wurde, sodass ich schon genug des Schwimmens im kühlen Wasser hatte, als der König hineinstieg.

Nach dem erfrischenden Bade wurde noch eine Spazierfahrt gemacht und dann in Schliersee diniert. Ziemlich spät nachmittags bestiegen wir die Pferde, um nach Miesbach zu reiten, wo das nächste Nachtquartier genommen werden sollte.

Beim Diner hatte Se. Majestät das Gespräch wieder auf oberbayrische Volkspoesie gebracht und besonders Kobell veranlasst, sich darüber zu äußern. Dieser meinte, man würde dem Volke unrecht tun, wenn man dessen poetische Natur bloß nach seinen Schnadhüpfln und Liedern beurteilen wollte, die nur Funken eines Feuers wären, welches das ganze Leben im Gebirge durchleuchte. Durch bloße Prüfung der Texte gewinne man ein sehr mangelhaftes Bild, denn das Wort werde erst durch die Melodie lebendig und diese wieder durch die besondere Art des Vortrags, wie derselbe, der Stimmung und den Umständen des Augenblicks angepasst, seine fröhliche Wirkung übe. Und helle Freude am Leben sei das Charakteristische der oberbayrischen Volkspoesie, wodurch sie sich von derjenigen anderer Stämme unterscheide, welche der ernsteren Natur ihres Landes gemäß das Leben weniger leicht nehmen und mehr die düstere Seite herauskehren. Die Lieder könnten daher richtig nur gewürdigt werden in Zusammenhang mit den Umständen, denen sie entsprangen; abgelöst davon würden sie so viel von ihrem Duft verlieren wie vom Strauch gerissene Blumen.

Wir kamen nach einem munteren Ritt noch zeitig genug in dem freundlichen Miesbach an, um die oberbayrische Volkspoesie, wie sie sich nicht bloß im Liede, sondern bei festlichen Anlässen nach allen Richtungen hin in urwüchsiger Frische und Lebensfreudigkeit offenbart, zu vollster Entfaltung kommen zu sehen.

Das Volk hatte seinem König einen Empfang vorbereitet, der alles, was wir in dieser Beziehung bisher schon erlebt hatten, an Mannigfaltigkeit des Gebotenen noch übertraf; den Begrüßungen durch den Landrichter und die übrigen Spitzen folgten Aufzüge in solcher Menge, dass man nicht begriff, wie sie alle zusammengebracht waren; es war, als ob alle Pflastersteine in den festlich geschmückten Straßen sich in Menschen verwandelt hätten. Lehrer und Schuljugend beiderlei Geschlechts boten poetische Gaben durch Deklamation und Gesang. Den Aufzügen folgte ein Festschießen und diesem ein Volkstanz mit Schuhplatteln, wobei die jungen Burschen eine staunenswerte Kraft und Gelenkigkeit der Glieder entfalteten. Sie warfen ihre Tänzerinnen in die Höhe und fingen sie wieder auf wie Puppen. Die Freude brach in Jubel aus bei der Kunde, dass alle Tanzenden sich als Gäste Seiner Majestät zu betrachten hätten. Man wurde nicht müde, dem munteren Treiben zuzusehen, welches sich immer übermütiger gestaltete, ohne die Grenzen des Anstandes zu überschreiten. Doch endlich musste aufgebrochen werden, und wir übernachteten in dem behäbig eingerichteten Posthause des freundlichen Miesbach, dessen Straßen noch hell waren von den erleuchteten Fenstern, als wir uns zur Ruhe zurückzogen.

Am folgenden Morgen, 16. Juli, machten wir einen Spazierritt in die Umgegend, und der König beehrte die Besitzung der stattlichen Posthalterin, der begüterten und sehr gebildeten Frau Waitzinger, mit einem Besuche. Im Garten wurde gefrühstückt und darauf die Reise nach Rosenheim fortgesetzt, wo der Kabinettschef, Herr von Pfistermeister, Se. Majestät mit einem ganzen Stoße von Portefeuilles und Akten erwartete, und ich durch meine Frau auf das Freudigste überrascht wurde, welche von München herübergekommen war, um mich einmal wiederzusehen. Seine Majestät, durch Regierungsgeschäfte in Anspruch genommen, gab mir gern Urlaub für diesen Tag und den folgenden Morgen. Wir fanden verschiedene Bekannte aus der Hauptstadt, welche in dem vielbesuchten Rosenheim die Solebäder gebrauchten; meine Frau hatte mir eine Menge Briefe mitgebracht, wovon einige gleich beantwort werden mussten, und so verging der Ruhetag im Handumdrehen.

Der folgende Tag führte uns über *Pang* nach Schloss Brannenburg, und dieser Ausflug nebst ähnlichen, welche ihm folgten, gaben unserer Reise gewissermaßen ein neues Gepräge, indem wir nun, statt in ländlichen Gasthöfen abzusteigen und mit dem Volke zu verkehren, mehr in aristokratische Regionen kamen. Viele Gutsherren hatten sich um die Ehre beworben, Se. Majestät auf ihren Besitzungen begrüßen zu dürfen; doch konnten, dem Reiseplan gemäß, nur verhältnismäßig wenige dieser Wünsche berücksichtigt werden. Der erste Besuch Sr. Majestät galt einer Familie, die es so gut verstand, Gastfreundschaft in vornehmem Stil zu üben, dass sie darin kaum übertroffen werden konnte. Es war das die ihrem Ursprunge nach italienische, aber schon seit einer Reihe von Jahren in Bayern heimisch gewordene Familie des Marchese Pallavicini, die ihren Sommersitz in einem Teile des Gebirges gegründet hatte, der seiner herrlichen Lage wegen mit am meisten von den Münchener Landschaftsmalern aufgesucht wird. Es war spät nachmittags am 17. Juli, als wir zuerst das schöne Schloss in Sicht bekamen, welches hoch gelegen und mit dem waldreichen Gebirge im Hintergrunde sich schon von ferne malerisch ausnimmt.

Am Eingange bildeten die Beamten nebst zahlreicher Dienerschaft, darunter hübsche Jungen in Pagentracht, Spalier, in welchem die junge, reizende Marchesa mit ihrem Gemahl und dessen Vater den König begrüßend entgegenkam, der ihr sofort den Arm bot, um sie die Stufen wieder hinaufzuführen, von welchen sie eben heruntergestiegen war.

Eine halbe Stunde später saßen wir schon beim Diner an der fürstlich hergerichteten Tafel in dem gemütlichen, mit alten Gobelins geschmückten, nicht allzu hohen, mäßig großen Speisesaale, in welchem prächtige Blumenpyramiden einen feinen Duft und Pyramiden von Wachskerzen eine feine Helle verbreiteten, wohl zu unterscheiden von dem augenverderblichen Lichte aufdringlicher Kugellampen oder zitternder Gasflammen.

Die Unterhaltung beim Diner war, wie dieses selbst, von pikanter Mannigfaltigkeit, ohne durch Tellergeklapper und hallendes Auftreten gestört zu werden; die Diener waren vortrefflich darauf eingeschult, auf leisen Sohlen zu wandeln und alles geräuschlos abzutun.

Nach dem Diner wurde noch ein Spaziergang gemacht und später setzten wir uns in ein Zelt vor dem Schlosse, um die mit einem großen Menschenaufgebot veranstaltete Beleuchtung der Berge zu sehen, welche einen wirklich zauberhaften Anblick bot. Dazwischen knallten und donnerten fortwährend Freudenschüsse aus der Nähe und Ferne. Gerade vor uns wurde, in einer Entfernung von etwa zwei Stunden, ein prachtvolles Feuerwerk auf dem hochgelegenen Schlosse des Barons von Leitner in Neubeuern abgebrannt.

Als Seine Majestät sich zur Nachtruhe zurückzog, leuchteten zwei Diener mit Wachsfackeln auf der ohnehin nicht dunklen, nach oben führenden breiten, bequemen Treppe voran, der es unten und oben an Blumenschmuck nicht fehlte.

Die wie alles im Schlosse solide und geschmackvoll eingerichteten Zimmer, welche uns angewiesen waren, ließen an Komfort nichts zu wünschen übrig und boten zugleich herrliche Ausblicke in die Gebirgslandschaft; wer je in Italien gereist, weiß, wie gut sich's in italienischen Betten schläft. Der junge Marchese sagte uns vor dem Schlafengehen, dass bei günstigem Wetter das Frühstück um 8 Uhr morgens im Garten eingenommen werde.

Das Wetter ließ sich freundlich an und wir fanden uns, durch die Sonne geweckt, schon vor der anberaumten Stunde in dem schönen, hoch gelegenen Garten ein, in dessen Vordergrunde ein paar elegante offene Zelte, darauf berechnet, auch bei etwaigem Windzug oder leichtem Regen den Aufenthalt im Freien zu gestatten, schon die schimmernden Zurüstungen zum Frühstück zeigten. Im Garten selbst vermählten sich Kunst und Natur auf das Anmutigste in der Weise, dass die Kunst in der Nähe des Schlosses die Oberhand behielt, durch prächtige, wohlgepflegte Blumenbeete, Rasenplätze und Laubgänge, während weiterhin parkartige Anlagen den Übergang zum Waldgebirge vermittelten.

Kurz vor acht Uhr, etwas früher als Se. Majestät, erschien die Marchesa in duftigem Morgenkostüm, welches zu ihren einigermaßen üppigen Formen vortrefflich passte, und wechselte im Auf-

und Abgehen mit jedem von uns ein paar freundliche Worte, bis der König aus dem Schlosse trat, pünktlich auf die Stunde, wie immer. Nun waltete die Herrin des Frühstücks, welches bald in dreierlei Gestalt dampfte: Tee, Schokolade und Kaffee, wovon jeder nach seinem Geschmacke wählte.

Wir hatten kaum Zeit gehabt, die Schätze des Schlosses der Pallavicini zu mustern, als wir abgerufen wurden, um an einer Besteigung des *Riesenberges* teilzunehmen. Die Marchesa machte die Partie ebenfalls mit und zwar anfangs, so weit es gehen wollte, zu Pferde; als es aber dann ans wirkliche Steigen ging, zeigte sich bald, dass sie hierin den Sängerinnen vom Wendelstein nicht gewachsen war. Es gab ein paarmal Anfälle von Schwindel an steilen Stellen und die zarten Füße kamen auf dem Steingeröll schwer von der Stelle. Doch wollte sie nicht zurückbleiben und erreichte, abwechselnd von Sr. Majestät und dem General von der Tann gestützt, endlich glücklich den Gipfel. Auf den sogenannten *Asen* wurde dann in luftiger Höhe das Diner eingenommen und erst spät abends langten wir wieder in Schloss Brannenburg an.

Am folgenden Vormittag, 19. Juli, sollte nach Schloss Neubeuern aufgebrochen werden, wo Se. Majestät eine Einladung bei Herrn von Leitner angenommen hatte. Doch schien es dem König schwerzufallen, sich von seinen liebenswürdigen Wirten zu trennen, und um im Laufe des Tages noch mit ihnen zusammensein zu können, lud er sie zu einem Diner nach Audorf ein, auf dem Wege nach Kufstein gelegen.

Das weithin sichtbare, auf einem Felsen erbaute Schloss des Herrn von Leitner beherrscht den von Ringmauern und Toren umschlossenen Ort Neubeuern. Um dahin zu gelangen, mussten wir über den Inn setzen, was unter allerlei feierlichen Begrüßungen und Aufzügen der festlich geschmückten Fährleute vor sich ging, wobei besonders die sogenannten *Stangenreiter* ihre Künste zum Besten gaben, während an beiden Ufern des Inn malerische Gruppen sich bildeten.

Der anmutige Weg führte uns weiter über *Nußdorf,* welches seinen Namen den schönen Nussbäumen verdanken soll, die es zieren. Wir verbrachten mit den Pallavicinis noch einige sehr angenehme

Stunden und setzten dann unsere Reise nach Kufstein fort, die uns an dem »wilden Kaiser« und anderen imposanten Bergen vorüberführte, welche wir schon vom Wendelstein und Riesenberge aus bewundert hatten.

An der Grenze zwischen Bayern und Tirol machten wir Halt bei der zierlichen »*Ottokapelle*«, welche zur Erinnerung an das Scheiden des Königs *Otto* aus seinem Heimatlande erbaut wurde. König Max liebte seinen Bruder sehr und wohnte einer Gedächtnisfeier bei, welche in der magisch beleuchteten Kapelle gehalten wurde, die nur einen kleinen Teil der andächtigen und neugierigen Menschenmenge zu fassen vermochte, welche herbeigeströmt war, um der Feierlichkeit mit beizuwohnen.

Erst um zehn Uhr abends hielten wir unseren Einzug in die alte türmereiche *Veste Kufstein* am rechten Ufer des Inn.

Am folgenden Morgen, 20. Juli, stiegen wir in Begleitung der Offiziere der Garnison die steile Höhe, welche zu der Bergfestung führt, hinauf, um uns alles genau anzusehen, was nur in ganz besonderen Ausnahmefällen gestattet ist. Wir hatten von der Höhe überraschend schöne Fernblicke.

Wir verließen die Stadt in der größten Mittagsglut, frühstückten, nachdem wir eine Stunde gefahren, in einem Wäldchen am Wege, wurden dann, als wir die Pferde bestiegen, um den Rest des Weges zu reiten, von einem Regen überrascht und kamen gegen drei Uhr in dem großen Kirchdorfe *Kössen* an, wo Halt gemacht und diniert wurde. Darauf ritten wir nach *Reit im Winkl* und waren so entzückt von dem herrlichen Abend und den schönen Ausblicken ringsumher, dass wir noch ein Stündchen weiterritten und erst gegen neun Uhr zurückkehrten. Dann war Souper, und bis in die Nacht hinein unterhielten uns die liederkundigen Bewohner von Reit mit Gesang und Saitenspiel.

Der König, immer bemüht, das fröhliche Volksleben im Lande zu pflegen, hatte durch Franz von Kobell eine Sammlung der besten oberbayrischen Lieder mit ihren Singweisen veranstalten lassen, zu welchen der feinsinnige Arthur von Ramberg durchweg charakteristische Illustrationen lieferte. Dieses reizende Lieder- und Bilderbuch ließ der König überall verteilen, wo es galt, die Freude am Gesang zu nähren und zu wecken. In diesem Sinne wurde das Buch vor allem solchen Burschen und Mädchen geschenkt, welche sich durch ihren Gesang am meisten hervortaten und andere dadurch anspornten, es ihnen gleichzutun, um dann auch ein Andenken vom König zu erhalten.

Reit im Winkl gehörte zu den gesangreichsten Dörfern, und wer nicht singen konnte, der suchte seine Freude, den König im Dorfe zu haben, auf andere Weise auszudrücken; rund umher brannten weithin leuchtende Feuer, und bis tief in die Nacht hinein wurde gejubelt und geschossen.

Es wurde dem König schwer, von Reit im Winkl zu scheiden, wo es ihm außerordentlich behagte, und so kam es, dass wir am folgenden Tage, 21. Juli, etwas spät aufbrachen, um nach *Ruhpolding* zu reiten.

Die Wege in diesem Lande bieten fast alle so viel Schönes, dass man kaum weiß, welchem man den Preis zuerkennen soll. So hatten wir auch auf diesem Wege reiche und wechselvolle Augenweide. Besonders überraschten uns wieder die vielen mächtigen Ahornbäume. Wir ritten an hoch aufsteigenden Bergwänden vorüber und nahmen unser Frühstück am letzten der drei kleinen Seen am Wege. Die Reise wäre noch weit genussreicher gewesen, wenn wir uns früher auf den Weg gemacht hätten, statt in der glühendsten Mittagshitze zu reiten. Die Sonne brannte uns dergestalt auf die Köpfe, dass wir ein paar Stunden im Waldschatten ausruhen mussten, wo wir anderen uns philosophischer Beschaulichkeit überließen, während Graf Ricciardelli und Baron Leonrod am Wasser saßen und Fische fingen, in welcher Kunst sie beide große Meister waren. Außer seinen Naturschönheiten bot uns der ganze Weg bis Ruhpolding nichts Bemerkenswertes als die vielen Kohlenmeiler, welche wir am Saume der prächtigen Waldungen fanden.

Ruhpolding hat, wie die meisten oberbayrischen Dörfer, große, langgestreckte, saubere, bunt bemalte Häuser und macht einen überaus behäbigen Eindruck. Die Kirche ist groß an Umfang und malerisch gelegen, gebaut und ausgeschmückt. Nach der Glut des

Tages hatten wir am Abend heftige Gewitter, die sich unter furchtbarem Donnergerolle entluden, um neuen Platz zu machen. Es rumorte am Himmel und auf Erden die ganze Nacht hindurch, sodass wir wenig zum Schlafen kamen.

Trotz des prasselnden Regens bestiegen wir am Morgen, 22. Juli, die Pferde wieder, um nach *Prien* am Chiemsee zu reiten, wo Se. Majestät am Nachmittage erwartet wurde.

Doch nach einer Weile nahm der Regen einen so wolkenbruchartigen Charakter an, dass Se. Majestät vorzog, die letzte Strecke bis Grassau, wo Mittagsrast gehalten werden sollte, im Wagen zurückzulegen. Von Grassau wurden die Wagen mit allem Gepäck, dem Küchenpersonal und der Mehrzahl der Dienerschaft nach Prien vorausgeschickt, während wir abwarteten, ob der strömende Regen nicht ein wenig nachlassen werde. So geschah es, dass wir ein paar Stunden später in Prien eintrafen, als Se. Majestät dort erwartet wurde. Es regnete noch, aber es plätscherte nicht mehr, als wir von Grassau aufbrachen. Ich habe schon wiederholt Gelegenheit genommen, zu bemerken, dass der König sich durch schlechtes Wetter selten in der Unterhaltung stören ließ. Als nun im Wechsel der Personen die Reihe an mich kam, neben Se. Majestät zu reiten, wünschte der König meine Meinung über eine kürzlich, ich weiß nicht mehr von wem, erschienene Schrift zu hören, die den Beweis zu führen versuchte, Schelling habe in der Philosophie kein neues Blatt aufgeschlagen, wie er behaupte, aber durch seine geistvollen Anläufe in seiner ersten Periode mächtig anregend auf andere, besonders auf Hegel gewirkt, der ihn dann bald überholt habe.

Zum Glück hatte ich die Schrift nicht gelesen und brauchte also nicht gegen den wieder munter spritzenden Regen anzukämpfen, um eingehend darüber zu sprechen. Während Se. Majestät nun selbst wieder über Schelling zu reden anfing, kam ein dickköpfiger Mann auf uns zugelaufen mit der flehentlichen Frage, ob wir ihm nicht sagen könnten, wann der König käme.

»Ich bin der König«, antwortete dieser.

Der Mann sah Se. Majestät ungläubig an und sagte, wir möchten ihn doch nicht zum Besten haben: Schon zweimal sei er von Prien ausgeschickt worden, um aufzupassen und zu melden, wann der König einträfe, und jedesmal sei er angeführt worden. Nun möchten wir ihm doch aufrichtig die Wahrheit sagen.

»Ich sagte dir schon: Ich bin der König!«, wiederholte dieser.

»Sie san der Kini. I glaabs scho!«, sagte der Mann, mit kläglicher Miene weiterkeuchend. Ich sah mich nach ihm um und bemerkte in einiger Entfernung hinter uns General von der Tann und Graf Pappenheim, die er nun anhielt.

»Der närrische Mann will mir nicht glauben«, sagte Seine Majestät.

»Er hat gewiss noch keinen König gesehen und kann sich einen solchen ohne Zepter und Krone nicht denken«, bemerkte ich.

»Es scheint so; doch reiten wir schneller; wir haben uns sehr verspätet und es wird immer dunkler.«

Wir ließen die Pferde ausgreifen und waren nach einer halben Stunde in Prien, wo wir vor unserem Quartier anlangten, ohne dass Se. Majestät bis dahin erkannt wurde. Die ganze Gestalt war nämlich durch einen eng anliegenden Gummimantel nebst entsprechender Kopfhülle wasserdicht verhüllt und nur das Gesicht frei, aber auch dieses in der neunten Abendstunde bei dunklem Regenwetter für Fernerstehende wohl nicht leicht zu erkennen.

Auf der Freitreppe des Hauses, vor welchem wir abstiegen (wenn ich nicht irre, war es das Rathaus), standen Beamte in Gala zur Begrüßung, und auf das seltsame Benehmen des ungläubigen Kundschafters fiel bald ein erklärendes Licht.

Die Bewohner von Prien hatten große Vorbereitungen getroffen, um Sr. Majestät gleich am Eingange des Ortes einen würdigen Empfang zu bereiten mit Gesang und Aufzügen. Nun kam nachmittags der große Küchenwagen angefahren, von dessen Personal man erfuhr, dass der König mit Gefolge bald nachkommen werde. Im Freien konnten die festlich geschmückten Jungfrauen und Sänger bei dem rücksichtslosen Regenwetter die Ankunft Sr. Majestät nicht abwarten; es wurde also ein wetterfester Kundschafter ausgesandt, um das Nahen des hohen Herrn zu erspähen und rechtzeitig zu melden, um danach die geplante Aufstellung ins Werk zu setzen.

Der Kundschafter entdeckte zuerst einen Gepäckwagen, dessen Führer ihm sagte, Se. Majestät werde bald nachkommen. Als nun kurz darauf eine königliche Equipage mit Lakaien in Sicht kam, rannte der Kundschafter, so schnell die Beine ihn tragen wollten, nach Prien zurück mit der Meldung: »Der Kini kimmt!«

Sofort wurde Stellung genommen und die schnell heranrollende Equipage mit Gesang begrüßt, bis man entdeckte, dass kein König darin saß.

Nun machte sich der arme Mann abermals auf die Beine, um den richtigen Königswagen auszukundschaften, und siehe da: Es kamen zwei auf einmal angerasselt, einer schöner als der andere. Abwarten konnte er sie nicht, denn er erwog schnell in seiner Seele, dass er sonst mit der Meldung zu spät kommen würde, und ein Wanderer, der des Weges zog, bestärkte ihn in dem Glauben, dass in einem der beiden Wagen der König sitzen müsse.

Abermalige Täuschung mit bald folgender Enttäuschung und einer Verhöhnung seiner kundschaftlichen Fähigkeiten, die ihn trieb, jetzt seinen ganzen Scharfsinn aufzubieten, um nicht wieder getäuscht zu werden. In dieser entschlossenen Stimmung kam er uns entgegen gekeucht, um, wie wir gesehen, den richtigen König zu verfehlen und den General von der Tann und den Grafen Pappenheim dafür anzuhalten, welche jedenfalls im Gefolge Sr. Majestät die stattlichsten Reiter waren. Allein vergebens suchte er sie zu überreden, dass einer von ihnen der König sein müsse. In heller Verzweiflung kehrte er nun wieder um, aber zu spät, um uns überholen zu können.

Als wir unsere nasse Hülle mit einer trockenen vertauscht hatten, wurde soupiert in einem großen Saale, welcher durch eine Glaswand geteilt war, sodass, während wir in dem kleineren Raume tafelten, der größere sich mit der festlich gekleideten Menschenmenge füllen konnte, welche am Nachmittage sich vergebens bemüht hatte, Se. Majestät mit Blumen und Gesang zu begrüßen. Das wurde nun in sehr gelungener Weise unter Dach und Fach nachgeholt, und der Abend, auch durch Illumination der Häuser und einen Fackelzug verherrlicht, verlief zu allgemeiner Befriedigung.

Am anderen Morgen, 23. Juli, wurde bei besserem Wetter eine festliche Rundfahrt um den Chiemsee unternommen auf dem einzigen kleinen Dampfboot, welches den wenig belebten regelmäßigen Verkehr zwischen Inseln und Uferland vermittelte.

Der Chiemsee, das größte Wasserbecken des Bayernlandes und daher auch das bayrische Meer genannt, gilt seit alters mit seiner Umgebung als eine Heimstätte des Friedens und eigenartigen, weil dem Getriebe großer Städte und Handelsstraßen fernliegenden Landlebens, poetisch in seiner Gegenwart wie in seinen Erinnerungen. Der ganze Chiemgau ist eine kleine Welt für sich mit in Jahrtausende zurückreichenden Kulturwurzeln und voll anheimelnder Reize, deren glänzenden Mittelpunkt der See mit seinen traulichen Inseln bildet.

Der Chiemsee vereint alle Reize, welche eine immerhin sehr ansehnliche, malerisch verteilte Wassermasse im Rahmen grüner Ufer und beherrscht von stattlichen Bergen zu bieten vermag. Er hat nicht den ernsten und feierlichen Charakter des Achensees oder die dunkle Majestät des Königssees, wo die finsteren, mächtigen Felswände, wild durchbrochen und phantastisch verschoben, schroff aus der tiefen Flut zu schwindelnder Höhe emporragen, ohne einen befreienden Durchblick zu gestatten oder auch nur einen schmalen Uferstreifen als Fußsteig zu bieten.

Von solcher schroffer Erhabenheit, die man atemlos anstaunt, von solcher schauerlichen Größe, die keine Gemütlichkeit aufkommen lässt, hat der Chiemsee nichts. Die Bilder und Eindrücke, welche er bietet, sind durchweg freundlicher, heiterer Natur. Man kann seine Ufer nach allen Seiten bequem umgehen, da er nicht eingeklemmt zwischen Bergwänden liegt, sondern nur die Aussicht auf die lange Alpenkette im Süden eröffnet, deren Kuppen und Spitzen bis zu 6000 Fuß aufsteigen.

Unter den Inseln, welche aus dem immer schönen Wasserspiegel auftauchen, sind zwei bewohnte und vielbesuchte: die große Herreninsel und die kleine Fraueninsel. Leute von aristokratischen Neigungen ziehen die Erstere vor, besonders zu längerem Aufenthalt, während bescheidenere Gemüter, besonders Maler und Poeten, lieber die Zweite aufsuchen, wo statt großartiger Parkanlagen ein einfacher Hafenplatz sich ausdehnt und statt wildreicher Waldungen ein paar Gruppen mächtiger Linden Schatten spenden, welche die Maler nicht müde werden zu skizzieren. Es sind das aber auch Linden, welche in der Welt ihresgleichen suchen, Bäume, deren Alter nach Jahrhunderten zählt, von gewaltiger Höhe und Ausdehnung.

Diese Riesenbäume krönen in zwei Gruppen die leise ansteigende Mitte der friedlichen Insel, wo man ein noch stilleres Leben führt, als auf den Inseln des Stillen Ozeans. Ein paar Dutzend alter hellgrauer Häuser ziehen sich am Ufer hin, wo Silberweiden mit den Wellen flüstern, Fischer ihre Netze und Frauen ihre Wäsche zum Trocknen aufhängen.

Die Kähne, deren man sich hier bedient, sind sogenannte »Einbäume«, das heißt: einfach ausgehöhlte Stämme in derselben Art, wie Robinson Crusoes Kahn war. Alles trägt hier noch einen altertümlich-schlichten, patriarchalischen Anstrich, und es ist, als ob dieser Anstrich sich gleich allen Besuchern mitteilte, damit keine buntscheckige Neuerung die ursprüngliche Farbe der Einfachheit störe.

Ich habe einmal vierzehn Tage auf der Fraueninsel verlebt, deren ganzer Umfang eine Viertelstunde beträgt, und mich keinen Augenblick gelangweilt. In der Frühe ein Seebad, dann Bewegung durch Rudern eines Einbaums, dann Frühstück, dann Vertiefung in eine Arbeit bis zum Mittag, der gute Fische und auch meist einen oder den anderen Gast brachte, mit dem sich plaudern ließ. Nach Tische eine Siesta auf dem Hafen, Lektüre und Kahnfahrt – so verstrichen die Tage in wohltuender Abgeschiedenheit von der Welt. Von Politik sprach kein Mensch; Zeitungen konnte man nicht lesen, da im Wirtshause keine gehalten wurden; und wenn es einem Gaste einfiel, sich sein Lieblingsjournal nachkommen zu lassen, so gab er den Entschluss doch bald wieder auf, da er nichts als Ärger davon hatte, indem es seit Eröffnung der Eisenbahn nach Salzburg zu den seltensten Ereignissen gehörte, dass ein Brief oder Paket aus München vor dem vierten oder fünften Tage auf der Fraueninsel anlangte, obgleich der Postzug von München bis Prien kaum drei Stunden brauchte und das kleine Dampfschiff von Prien täglich drei- oder viermal bei der Insel anlegte, um Passagiere abzusetzen oder aufzunehmen. Allein diesem Dampfschiffe wurden von der Post die Briefe nicht anvertraut, sondern einer alten lahmen Botenfrau, welche die Reise um den See zu Fuß machte, wozu sie eine Woche brauchte, während welcher Zeit sie gelegentlich auch auf einem Einbaum nach der Fraueninsel übersetzte, um irgendeinen Brief, der ihr zufällig nicht verloren gegangen, abzugeben, eine »Halbe« Bier zu trinken und zu fragen, ob nichts zu besorgen sei. Bei den idyllischen Zuständen der Insel erfuhr man von der Ankunft der Botenfrau gewöhnlich erst, nachdem sie längst wieder fort war, und ich fand diese Einrichtung vortrefflich, da man es ihr zu verdanken hatte, dass es noch einen schnell erreichbaren Ort auf der Welt gab, wo man ein paar Wochen in Ruhe und Frieden leben konnte, umgeben von einer Natur, die alles Freundliche in sich vereinigt, was Berge, Wald und Wasser zu bieten vermögen. Doch es ist Zeit, dass ich von meinem Privatexkurs zur Königsreise zurückkehre.

Wir besuchten zuerst die große Insel, welche auch Herrenwörth genannt wird und mit ihren weit ausgespannten Parkanlagen, Ländereien und prächtigen, gegen dreihundert Tagewerk umfassenden Waldungen, beherrscht von einem im Zopfstil erbauten, stolzen, hügelgetragenen, hart am See aus herrlichen Baumgruppen aufsteigenden Schlosse, wie ein eigenes kleines Inselreich erscheint, mit vielen, unter Bäumen halbversteckten Ansiedelungen. Der glückliche Besitzer, Graf Hunoldstein, lebte in Frankreich, hatte aber seinem Verwalter erlaubt, eine Anzahl von Zimmern für Besucher der Insel herzurichten, wo sie gegen ein Billiges wohnen, essen, trinken und schlafen konnten. Ich bin hier öfter eingekehrt und immer befriedigt wieder abgezogen.

Nachdem wir alles besichtigt hatten, legten wir uns eine Stunde ins Gras und fuhren dann nach der zweiten Insel, Frauenwörth, auch Frauenchiemsee genannt, wo ein großes Nonnenkloster steht, dessen fromme Bewohnerinnen nach der strengen Ordensregel des heiligen Benedikt leben.

Wir nahmen unter den schattigen Bäumen vor dem kleinen, gemütlichen Wirtshause ein erquickliches Diner ein, verplauderten noch ein Stündchen bei der Zigarre und besuchten dann die frommen Schwestern im Kloster. Sie unterrichten junge Mädchen und halten sie auch zu allen für das Haus nötigen Handarbeiten an.

Feierlicher als der Klosterbesuch bei den Benediktinerinnen gestaltete sich die Rückfahrt über den See nach Prien. Es war ein reiner, frischer Sommerabend, der allen Zauber vereinigte, den eine weitgestreckte Berglandschaft zwischen blitzendem Wasser und klarem Himmel zu bieten vermag. Der Mond stand in voller Glorie im Süden, links von den Bergen, welche von einer Menge Freudenfeuer schimmerten und dabei selbst in einem lichten Dufte glänzten, als seien sie große Stücke, samt allen durch die Nähe vergrößerten Sternen aus dem Himmel geschnitten und zum Teil auf die Erde, zum Teil ins Wasser gefallen.

Unsere Augen schweiften von einem fernen Glanzwunder zum anderen, und das Spiel, welches der Mond mit dem feinen Dunst trieb, der in seinem Glänze die Berge, Inseln und Uferlandschaft umwob, und mit den leichten Wölkchen, die versuchten, ihn zu verdunkeln, nicht zufrieden damit, in seinem Lichte zu schimmern, ließ alle holden und unholden Gestalten der alten Götter- und Sagenwelt vor uns aufsteigen und wieder verschwinden, während in unserer Nähe eine bunte Mannigfaltigkeit von Bildern aus lebensfrischer Gegenwart auftauchte. Eine Menge großer und kleiner Kähne umschwankte unser festlich geschmücktes Schiff; Tücher wurden geschwenkt, Fackeln geschwungen und Lieder gesungen. Augenscheinlich waren viele dieser Kähne dem Schiffe, welches den König trug, schon lange vorausgezogen und suchten sich ihm nun während der Rückfahrt zu nähern, um Sr. Majestät durch alle möglichen Freudenzeichen ihre Huldigung darzubringen; denn obwohl unser Dampfer, seinem etwas schwerfälligen Gefüge gemäß, die Wasserbahn mit einer gewissen offiziellen Bedächtigkeit durchschnitt, so wäre es doch für größere wie kleinere Nachen schwer gewesen, während der ganzen Fahrt auf gleicher Linie mit ihm zu bleiben.

Unter allen Fahrzeugen, welche uns in Sicht kamen, fesselte unsere Aufmerksamkeit am meisten eines von primitivster Einfachheit, ein sogenannter »Einbaum«, in welchem eine Dame saß, die das Ruder mit merkwürdiger Behendigkeit führte, sodass es ihr gelang, eine geraume Weile zur Seite des Dampfers sich zu behaupten und durch ihre Geschicklichkeit und Ausdauer leichter gehende Kähne zu überflügeln. Sie machte den Eindruck einer eleganten, feingegliederten Erscheinung und erregte dadurch nur umso mehr unser Erstaunen über die Kraft, mit welcher sie ihren schwerfälligen Einbaum regierte. Es wurde hin- und hergeraten, wer wohl die geheimnisvolle, einsam rudernde Dame sein könne; allein niemand vermochte das Rätsel zu lösen. Sie verschwand, während unsere Blicke, dem allmählich zurückbleibenden Einbaum folgend, unwillkürlich durch den unsäglichen Zauber gefesselt wurden, den der Mondenglanz über die fern aufragenden Berghäupter ausgoss.

Bei erfolgter Rückkehr nach Prien wurde Sr. Majestät wieder ein festlicher Empfang bereitet mit buntfarbigen, auf hohen Stangen getragenen Laternen, die zu der glänzend erleuchteten Kirche führten, wo eine besondere – ich weiß nicht mehr welche – Feierlichkeit stattfand. Auch die Liedertafel von Prien tat ihr Bestes, um den Tag würdig zu schließen. Dann folgte noch das Souper mit gemütlicher Unterhaltung, sodass wir erst spät ins Bett kamen.

Am nächsten Morgen, 24. Juli, galt unser erster Ausflug dem hoch und herrlich gelegenen Schlosse *Hohenaschau*, welches erst vor Kurzem aus dem Besitz des Herrn von Leitner in den des Grafen von Bassenheim übergegangen war. In den großen herrschaftlichen Räumen sah es aus, als ob sie seit Jahrhunderten unbewohnt geblieben wären. Die alte Einrichtung war noch, bis auf die geringfügigsten Einzelheiten herab, vollständig erhalten, nichts Neues hinzugekommen und keine andere Beschädigung an den alten, kostbaren Möbelstoffen zu sehen, als welche der Hauch der Zeit und die Motten verübt hatten. Es machte am hellen Tage einen unheimlichen Eindruck, durch die hallenden Säle und Zimmer zu gehen, in welchen ein feiner, durchdringender Modergeruch sich hartnäckig gegen den frischen Luftzug behauptet, der durch einige vom Schlossverwalter geöffnete Fenster hereindrang.

Das verödete Schloss schien seit langer Zeit von den wechselnden Besitzern nur als unbenutztes Anhängsel und äußeres Schaustück des großen Güterkomplexes, dessen Krone es bildet, behandelt worden zu sein. Nichts fehlt ihm bei seiner herrlichen, großartigen Fernblicke in die schönsten Teile des Gebirges erschließenden Lage, als frisches, fließendes Wasser in der Nähe, um es zu einem verlockenden Sommeraufenthalte zu machen.

Vom Schlosse brachen wir bei regendrohendem Himmel nach *Unterwössen,* im sogenannten Kössener Achentale gelegen, auf, wo ich mit heftigen Kopfschmerzen ankam, sodass mir nichts im Gedächtnis geblieben, als die auf den Bergen zu Ehren des Königs angezündeten Feuer. Wir übernachteten in einem vortrefflichen Wirtshause und setzten am folgenden Morgen, Sonntag, 25. Juli, unseren Weg nach Kössen fort, einem auf österreichischem Grund und Boden gelegenen freundlichen Dorfe, wo wir schon einmal Halt gemacht hatten. Der Himmel war bedeckt, die Luft schwül; die meisten Berge lagen in Wolken und Nebel gehüllt; strichweise rieselte auch ein feiner Regen hernieder, und so geschah es, dass wir auf dem zum Reiten etwas schwierigen Wege von den Herrlichkeiten der Alpenwelt, die er sonst in abwechslungsreicher Fülle erschließt, diesmal wenig zu sehen bekamen.

Nach einiger Rast brachen wir von Kössen auf, um vor einbrechender Dunkelheit noch *Waidring* zu erreichen, wo wir abends um sieben Uhr eintrafen und uns sofort zu Fuß auf den Weg nach dem Piller-See machten, ohne jedoch ganz hinzugelangen, da der anfangs gutes Wetter verheißende Himmel sich bald wieder verdunkelte und sein Gewölk dann in einen Regenschauer auflöste, der uns zur Rückkehr zwang. Nichtsdestoweniger bot unsere Wanderung Hochgenüsse, die uns für alle Anstrengungen des Tages überreich belohnten. Zuerst sahen wir auf den bis zu 8000 Fuß ansteigenden Gipfel des Breithorn, Flachhorn und Rothorn ein so zaubervolles Alpenglühen, wie sich keiner von uns erinnerte, je eines gesehen zu haben.

Ebenbürtig schildern lässt sich dieser Lichtzauber nicht, in welchem die starren Häupter der Berge plötzlich wie durchsichtig erscheinen und ihr Antlitz mit einem so reinen, rosig verschwimmenden Glanze übergossen, dass man ihn nur mit dem holdseligsten Erröten feiner jungfräulicher Wangen vergleichen kann. Alle Lichtwunder des Tages und der Nacht kommen der einsamen und seltenen Herrlichkeit des abendlichen Alpenglühens, wie wir es gesehen, nicht gleich. Diese herzerhebende Herrlichkeit dauert nicht so lange und wirkt nicht so überwältigend wie ein schönes Morgen- oder Abendrot, aber in ihrer begrenzten Übersichtlichkeit bleibt sie dauernder in der Erinnerung.

Als das Alpenglühen verschwunden war, führte uns der Weg durch eine hohe Felsenschlucht, deren Rinnsal der in seinem ungestümen Lauf hoch aufschäumende, mit wellentrotzendem Gestein kämpfende Gießbach so gewaltig rauschend durchströmte, dass die phantastisch geformten Felsen davon zu erbeben schienen; ja einige dieser Kolosse sahen bei der zweifelhaften Beleuchtung förmlich wie versteinerte Riesen aus, die, plötzlich wieder zum Leben kommend, drohend aus dem Hinterhalt vorsprangen.

Rauschender Regen mischte sich bald mit dem rauschenden Gießbach, und ganz durchnässt kamen wir in Waidring wieder an, wo, nachdem wir die Kleider gewechselt, noch spät ein Symposion gehalten wurde. Ich weiß jedoch nicht mehr, wovon dabei die Rede war.

Am folgenden Morgen, 26. Juli, fuhren wir bei etwas klarerem Himmel, der auch in der »gemeinen Deutlichkeit der Dinge« viel Großes und Schönes erkennen ließ, dem herrlichen Saalachtal entgegen, nach *Lofer,* einem durch seine Lage vorzugsweise begünstigten Dorfe, dem Freunde der Alpenwelt reiche Augenweide zu bieten. Von der tief im Talgrunde bei starkem Gefälle, oft gehemmt durch mächtige Felsblöcke, wild einherbrausenden Saalach bis hinauf zu den von Schnee schimmernden Häuptern der hohen Berge, welche den Ort an allen Seiten umragen, wechselt ein schönes Bild mit dem anderen.

Unser nächstes Ziel war die Schwarzenbergklamm, auch Unkener Klamm genannt. Die erste Hälfte des einigermaßen beschwerlichen Weges dahin wurde zu Pferde, die zweite zu Fuß zurückgelegt. Am Eingange schoben sich uns imposante rote Felswände entgegen, durch welche der tobende Gießbach sich wild schäumend hindurchdrängte; aber das Eigentümliche der Klamm zeigte sich erst, als wir den höchsten zugänglichen Punkt erstiegen hatten und uns nun inmitten eines großen, phantastisch gewundenen, aus unterirdischer Tiefe hoch aufsteigenden Felsensaals befanden, in unbeschreiblich wunderlichen Formen ausgehöhlt und zusammenhängend gebildet. Das unheimliche Rauschen des wilden Bergwassers unten, der verworrene Widerhall dieses Rauschens von den blankgewaschenen, zerklüfteten, teilweise mit Flechten und Moos bekleideten Wänden ringsum, der spärlich durch die Spalten der oben zusammengeklemmten Felsen eindringende Lichtschimmer, der nur das Nächste einigermaßen deutlich erkennen ließ und auch dieses in den launenhaftesten Formen zeigte, sodass die vielfach durchbrochenen und auseinandergeschobenen Felswände bald muschelförmig, bald wie zertrümmerte Kuppeln und Säulen, bald wie urweltliche Riesentiere vorsprangen: Alles vereinte sich, die Sinne zu betäuben und die einbildsamen Kräfte in Aufregung zu bringen.

Nachdem wir uns sattgestaunt hatten an den phantastischen Gestaltungen dieses Stücks Unterwelt, wo Berg- und Wassergeister alles im Groben vorgebildet zu haben schienen, was Luft- und Lichtgeister in feineren Formen schaffen, stiegen wir in die Oberwelt zurück, anfangs geblendet von der Sonne, aber doch angenehm berührt von ihrer Wärme nach der feuchtkalten Luft, die wir unten geatmet.

In einem dicht über der Klamm gelegenen Jägerhause wurde diniert, und dann bestiegen wir in bester Laune die inzwischen vorgeführten Pferde, um nach dem drei Stunden entfernten *Unken* zu reiten, wo wir in der neunten Stunde abends eintrafen.

Die Ortschaften, wo wir gerastet, die Wege und Pässe, die wir durchzogen, weckten lebhafte Erinnerungen an die heldenmütigen Kämpfe der Tiroler im Jahre 1809, sodass die Unterhaltung sich wiederholt darum drehte. War es doch im Saalachtale, wo die Bayern im Oktober des verhängnisvollen Jahres die immer siegreich gewesenen, aber durch ein überlegenes Heer umgangenen und überraschten

Scharen Speckbachers bei *Unken* und *Melleck,* denselben Orten, denen wir entgegenritten, zurückschlugen, um nach dem Unterinntale vorzudringen. Speckbachers Sohn, der tapfere *Anderl*, wurde gefangen genommen, und der Vater entrann nur mit Not dem gleichen Schicksale. Danach musste auch Haspinger seine Stellung am Luegpass aufgeben, und das nordöstliche Tirol stand den Bayern offen.

Ende September hatte Kaiser Franz dem wackeren Andreas Hofer, der als Oberkommandant des durch ihn dreimal befreiten Heldenvolkes auf der Burg in Innsbruck so schlicht und einfach lebte, wie er als Passeirer Landwirt gelebt, eine ansehnliche Geldsumme und dazu die große Ehrenmedaille mit der goldenen Kette geschickt, gleichsam als – von allen Tirolern mit Jubel begrüßte – feierliche Bestätigung seiner selbsterrungenen Stellung und alles dessen, was er getan, um sie zu erringen. Und am 14. Oktober wurde in Wien der Friedensvertrag mit Frankreich abgeschlossen, der alles Geschehene ungeschehen machen und Tirol den hinausgeschlagenen Franzosen und Bayern wieder preisgeben sollte, nachdem Napoleon hinlänglich Heeresmassen zusammengebracht, um jeden Widerstand des von Österreich verlassenen braven Volkes zu brechen, das in seinen Befreiungskämpfen Taten vollbracht, den ruhmreichsten ebenbürtig, davon die Weltgeschichte zu erzählen weiß. König Max bebte vor den betrübenden Erinnerungen nicht zurück, welche sich an diese Taten für Österreich und für Bayern knüpften. War er doch schuldlos daran und einer von den seltenen Fürsten, die aus der Geschichte zu lernen wissen.

Am folgenden Morgen, 27. Juli, wurde früh aufgebrochen, da wir am Abend noch das Ziel unserer Reise, Berchtesgaden, erreichen sollten. Se. Majestät war schon früher auf als wir anderen, um nach Erledigung einiger dringender Geschäfte sich den Eindrücken des Tages mit freiem Sinne hingeben zu können. Der König hatte bis neun Uhr zu arbeiten, ließ uns aber schon um sieben Uhr vorausfahren, um dem General von der Tann Gelegenheit zu geben, dessen in Reichenhall weilende Gemahlin zu besuchen. Offiziell sollte der Ort umgangen werden, da Se. Majestät den letzten Reisetag möglichst im Freien zu verbringen wünschte. Nach der getroffenen

Bestimmung hatten wir eine Viertelstunde vor Reichenhall Halt zu machen, um die Pferde verschnaufen und füttern zu lassen, mit welchen der König dann seine Fahrt nach einem anderen Standorte, hinter Reichenhall, fortsetzen wollte, wohin Reitpferde vorausgeschickt waren, die uns, wieder vereinigt, weitertragen sollten.

Der Morgen ließ sich so verheißungsvoll an, als ob er den letzten Tag unserer Reise zugleich zum schönsten machen wollte. Dem entsprach auch die herrliche Landschaft. Der für die Pferde mühsame Weg schlängelte sich, durch rauschendes Wildwasser belebt, bald zwischen hohe, mächtige Felswände hindurch, welche steil aufstiegen wie Mauern, bald an grünen Bergen und duftigem Nadelgehölz vorüber, dahinter das Auge wieder majestätische Felsgrade und Spitzen erspähte.

Nach zweistündiger Fahrt vor Reichenhall angekommen, besuchten wir den stattlich im Kranze hoher Berge gelegenen Badeort zu Fuß, aber uns bald auf schattenlosen Wegen trennend, da jeder ein besonderes Ziel verfolgte. Das meinige führte mich raschen Schrittes in die entfernt gelegene Villa des Dr. von Noodt, eines alten Freundes aus dem Kaukasus. Ich beeilte mich dann, von ihm geleitet, noch rechtzeitig auf dem Sammelplatze anzukommen, wo die Pferde schon gesattelt standen, die Reisegefährten sich bereits eingefunden hatten und Se. Majestät auch bald eintraf.

Nun ritten wir über *Jettenberg* in die *Ramsau*, in eine Waldherrlichkeit hinein, die in der Mächtigkeit und Mannigfaltigkeit ihres Baumwuchses das Auge nicht minder fesselte als die trotzigen Felsen, welche darüber emporragten, und die gewaltigen grauen Bergmassen, welche sie umlagerten. Besonders fielen mir viele Nuss- und Ahornbäume durch die Mächtigkeit ihrer Stämme und Ausladungen in die Augen. Von seltener Frische und Fülle erschien mir auch der hohe Graswuchs in den Talgründen, der, sich allmählich verkleinernd und vereinzelnd, an den Felsen emporkletterte, ohne die Büsche erreichen zu können, die oben aus den Spalten herabhingen. Das Farnkraut am Wege wucherte in einer Höhe, als ob es sich zu Palmen ausbilden wollte, und die nordischen Stellvertreter der Palmen, die ehrwürdigen Tannen, ließen ihre hohen Stämme unten mit hellgrünem Moos bewachsen, als ob sie nicht zufrieden wären mit dem dunklen Nadelschmuck ihrer knorrigen Zweige und majestätischen Kronen.

Um ein Uhr erreichten wir nach einem Ritte, der uns alle Reize des Berglandes erschloss, die *Schwarzbachwacht,* welche nicht bloß durch ihre schöne Lage, sondern auch als Mittelpunkt der Soleverbindung zwischen Berchtesgaden und Reichenhall bekannt ist. Der Überfluss der in Berchtesgaden gewonnenen Sole wird nämlich durch gewöhnliche Röhrenleitungen nach dem ohnehin schon so salzreichen Reichenhall geführt, das seinerseits wieder überschüssige Abflüsse nach Traunstein und Rosenheim entsendet. An der Ramsauer Straße zur Ilsankmühle wird vermittelst eines durch den mächtigen Fall eines Gießbaches bewegten Hebewerks die Sole zu einer Höhe von mehr als zwölfhundert Fuß hergetrieben zur Schwarzbachwacht, von wo sie dann in einer großartigen Röhrenleitung ihren noch sieben Stunden weiten Weg nach Reichenhall findet, dem Vereinigungspunkte der vier solchergestalt durch Ab- und Zufluss miteinander verbundenen bayrischen Salinen.

Wenn man die Welt aber vom Pferde herab angesehen hat, erscheint es doppelt wohltuend, die Beine auf einige Zeit wieder zum Spaziergange zu strecken. Während der Koch seine Vorbereitungen zum Diner traf, durchstreiften wir den Tannenwald in der Nähe des Forsthauses, wo unser Halteplatz war. Auf dem weichen Moosgrunde ging sich's leise; an vielen Stellen lagen die braunen, glatten Nadeln und gelösten Zapfen so dicht, dass man darauf ausgleiten konnte. Eine feierliche Stille herrschte im Walde, nur zuweilen unterbrochen von einem leisen Rauschen der Wipfel, wenn der Luftzug oben etwas stärker strich. Die Sonne brannte auf der grünen Nadelhülle, ließ aber nach unten nur ein gedämpftes, schillerndes Licht dringen wie durch bemalte Fensterscheiben eines ehrwürdigen Domes. Der Wald schien Mittagsruhe zu halten wie alles Getier darin, aber sein Odem war Balsam und sein Anblick ein Labsal. Man wagte kaum zu sprechen, um den heiligen Frieden nicht zu stören. Wir zerstreuten uns allmählich, ohne einander ganz aus den Augen zu verlieren. Jeder hing seinen eigenen Gedanken nach. Die hohen silbergrauen Stämme, frei von Unterholz, gewährten weiten Umblick; wir konnten uns leicht wieder zusammenfinden. Das geschah denn auch nach einer guten Weile, als immer dichter mehr nach unten sich ausbreitende Fichten sich zwischen die Tannen drängten, mit ihren melancholisch herabhängenden Zweigen den Umblick erschwerend, bald ganz hemmend. Graf Ricciardelli fand sich zuletzt ein. Wir bemerkten ihn erst, als wir, einen anderen Weg suchend, in eine sonnige Lichtung kamen, die wieder freien Aufblick zum Himmel gewährte, dessen wolkenlose Reinheit uns anhaltend schönes Wetter zu verheißen schien. Ricciardelli schüttelte zweifelnd den Kopf dazu. Er hatte im Walde an Pflanzen und allerlei kleinem Getier, das er in den Händen gehabt, die noch ganz erdfarbig davon aussahen, Zeichen beobachtet, welche es ihm unzweifelhaft erscheinen ließen, dass Regen und zwar viel Regen im Anzuge sei.

Im Forsthause beim Tannenwalde wartete das Diner auf uns. Noch ehe wir eintraten, lenkte Graf Ricciardelli unsere Blicke auf bedenklich im Westen aufsteigende Wolken.

»Sie scheinen sich ordentlich darauf zu freuen, uns heute noch tüchtig durchnässt zu sehen«, sagte der König lächelnd; »allein ich hoffe immer noch, dass wir trocken nach Hause kommen werden.«

»Wenn Majestät bald aufbrechen, lässt sich Berchtesgaden vielleicht noch vor dem Regen erreichen; sonst nicht«, entgegnete Graf Ricciardelli.

»So gewiss sind Sie Ihrer Sache?«

Der Wetterprophet nickte.

»Nun, hier sind wir wenigstens im Trockenen, und ich will mir den letzten Tag unserer Reise durch den Regen nicht verkürzen lassen; mag er kommen, wann er will!«, sagte der König.

Wir saßen in gemütlicher Unterhaltung ziemlich lange beim Diner, und Se. Majestät nahm wiederholt Gelegenheit, sich bei freundlichen Rückblicken auf unsere nun ihrem Ende nahende Reise in einer allen Beteiligten herzlich wohltuenden Weise auszudrücken.

»Ich habe«, sagte der König unter anderem, »schon manche schöne Reise in ferne Länder gemacht, deren Eindrücke überraschender und gewaltiger auf mich gewirkt haben, aber keine, die mir so andauernd innige Befriedigung gewährt hätte, wie diese durch meine heimischen Berge und Wälder, die mir samt ihren Bewohnern größtenteils von früh auf schon so gut bekannt waren, dass ich kaum etwas Neues sehen konnte; und doch ist mir diesmal alles in ganz neuem Reiz erschienen, wie ein liebes Buch, in dem man schon oft geblättert und das man nun zum ersten Male Zeit gefunden, im Zusammenhange zu lesen und in traulicher Gesellschaft seine Gedanken darüber auszutauschen. Ich kann nur wünschen, dass unsere fünf Wanderwochen Ihnen gleich freundliche Erinnerungen zurücklassen mögen wie mir.« Die Erfüllung dieses Wunsches konnten wir alle Sr. Majestät mit gutem Gewissen versichern.

Als aufgebrochen wurde, sagte der König: »Es gereicht mir zu großer Freude, dass auch Sie sich alle so gut amüsiert haben.«

Ich erwiderte: »Der Unterschied besteht nur darin, dass Eure Majestät auf dieser Reise sich menschlich amüsiert haben und wir uns königlich.«

Editorisches Nachwort

Friedrich von Bodenstedt (1819–1892) studierte nach einer Kaufmannslehre Philosophie und Philologie an der Universität Göttingen. 1840 ging er als Lehrer nach Moskau und 1843 nach Tiflis, wo er durch Mirzə Şəfi Vazeh in die Sprachen der Kaukasus-Region eingeführt wurde. 1846 kehrte er nach Deutschland zurück. Durch seine an Goethes *West-östlichem Divan* orientierte Nachdichtung der *Lieder des Mirza Schaffy*, die 1851 erstmals erschienen, machte er sich einen Namen. Seine auf weiten Reisen gesammelten Erfahrungen waren wohl der Grund, warum König Maximilian II. ihn 1854 nach München als Professor für Slawistik und Altenglisch berief. Er gehörte mit Paul Heyse, Felix Dahn, Wilhelm Hertz und Hermann Lingg zum Münchner Dichterkreis *Die Krokodile*. Nach dem Tod von Maximilian II. wurde er 1867 Intendant des Hoftheaters in Meiningen. 1881–1888 war er Herausgeber der *Täglichen Rundschau* in Berlin. Seit 1878 lebte er in Wiesbaden, wo er starb.

Der vielgereiste Bodenstedt war einer von sieben Teilnehmern der Reise, die König Maximilian II. im Sommer 1858 fünf Wochen lang zu Fuß und zu Pferd vom Bodensee durch das Allgäu bis zum Watzmann unternahm. Die Reisegesellschaft des Königs bestand neben den Dienern und Pferdeknechten aus drei Kavalieren seines Dienstes: dem General Ludwig Freiherr von und zu der Tann-Rathsamhausen als Reisemarschall, dem Obersten Graf Friedrich Pappenheim und dem Hauptmann Baron August Leonrod, dann aus vier Gästen: neben dem Verfasser Bodenstedt reiste Graf Maximilian Ricciardelli, der Mineraloge und Dialektdichter Franz Ritter von Kobell und der Kunsthistoriker Prof. Wilhelm Riehl mit dem König.

Die Reiseschilderungen Bodenstedts charakterisieren nicht nur den König und seine Entourage, sie zeigen auch den Umgang eines bayerischen Herrschers mit seinen Untertanen und vergegenwärtigen das ländliche Leben des 19. Jahrhunderts ebenso wie die bayerische Voralpenlandschaft in dieser Zeit.

Eines Königs Reise. Erinnerungsblätter an König Max erschien 1879 als erster Band der Erinnerungen *Aus meinem Leben* von Friedrich Bodenstedt im Leipziger Verlag R. F. Albrecht. Der umfangreiche Band enthält neben dem Reisebericht auf fast 300 Seiten zahlreiche zeitverhaftete breite Erörterungen und Betrachtungen, die allenfalls für die Zeitgenossen interessant waren. Deshalb hat Josef Hofmiller sich 1925 entschlossen, eine gekürzte, auf die Reiseschilderung beschränkte Ausgabe unter dem Titel *Der König reist durch sein Bayernland* als siebten Band der Reihe *Bücher der Heimat* im Altöttinger Verlag *Bücher der Heimat* herauszugeben. Auf dieser Ausgabe basiert auch die 1985 in der Nymphenburger Verlagshandlung München erschienene Ausgabe unter dem Titel *Eines Königs Reise. Erinnerungsblätter an König Max*.

Unsere Ausgabe gibt den nochmals verglichenen Text der von Josef Hofmüller herausgegebenen Edition wieder. Die Orthografie wurde unter Wahrung des Lautstandes modernisiert, die Originalschreibweise der Ortsnamen des 19. Jahrhunderts wurde allerdings beibehalten. In dieser Form ist auch das Ortsregister von Hofmiller übernommen.

Wolfram Göbel

Ortsregister

A
Achensee   45, 48–49, 74
Alberschwende   11
Asen   68

B
Bad Oberdorf   30
Balderschwangtal   17
Bayrisch-Zell   53–56, 58–60
Berchtesgaden   19, 59, 82, 84–85
Brannenburg   66, 68
Bregenz   10–11, 15
Brunnenkopf   35–38
Burgberg   21–22, 26, 29
Chiemsee   55, 71, 74–77

E
Einödsbach   19

F
Feuerstädterberg   17
Fraueninsel   75, 76
Füssen   32

G
Garmisch   39–40
Gindelalp   61
Grassau   71
Grünten   20–24, 27–29, 35, 36, 60

H
Herreninsel   75
Hindelang   28–30
Hittisau   17
Hohenaschau   78
Hohenschwangau   31–35, 37

I
Iseler   30

J
Jettenberg   83

K
Kössen   69, 79
Kreuth Bad   49–51
Kreuth Dorf   51
Küchelberg   38
Kufstein   68, 69

L
Leutasch   40–43
Lindau i. Bodensee   9–11, 50
Linderhof   35, 36, 38
Lofer   80

M
Mädelegabel   20
Miesbach   64–65
Mittenwald   40–43

N
Nußdorf a. J.   69

O
Oberstdorf   18–20
Osterachtal   30

P
Partenkirchen   39–40, 43
Pertisau   48
Plansee   38–40
Plumser Joch   45–48
Prien   71–73, 76–78

R
Ramsau 16, 83–84
Reichenhall 82–84
Reit i. Winkl 69, 70
Reute 16
Riesenberg 68, 69
Riß Hintere 43
Riß Nordere 45
Rosenheim 8, 65–66, 84
Rottach 49, 51–52
Ruhpolding 70

S
Schliersee 52–53, 60–64
Schwarzach 11
Schwarzbachtwacht 84
Schwarzenberg 13, 16–17
Schwarzenbergklamm 81
Sibratsgfäll 17
Sonthofen 18, 19, 20, 21
Starzlach 18

T
Tiefenbach 17–18
Trettachschrofen 20

U
Unken 81, 82
Unterwössen 79

V
Valepp 52
Vilsalpsee 31

W
Waidring 79–80
Wendelstein 53, 55, 57–60, 68–69
Westerhof 61

Z
Zugspitze 39